Immobilienkaufmann
Immobilienkauffrau

Prüfungstrainer Zwischenprüfung
Übungsaufgaben und erläuterte Lösungen

Aufgabenteil

Bestell-Nr. 552

u-form Verlag · Hermann Ullrich GmbH & Co. KG

Deine Meinung ist uns wichtig!

Du hast Fragen, Anregungen oder Kritik zu diesem Produkt?

Das u-form Team steht dir gerne Rede und Antwort.

Einfach eine kurze E-Mail an

feedback@u-form.de

Änderungen, Korrekturen und Zusatzinfos findest du übrigens unter diesem Link:

www.u-form.de/addons/552-2025.zip

BITTE BEACHTEN:

Zu diesem Prüfungstrainer gehören auch noch ein **Lösungsteil** und ein heraustrennbarer **Lösungsbogen**.

15. Auflage 2025 · ISBN 978-3-88234-552-0

Alle Rechte liegen beim Verlag bzw. sind der Verwertungsgesellschaft Wort, Untere Weidenstr. 5, 81543 München, Telefon 089 514120, zur treuhänderischen Wahrnehmung überlassen. Damit ist jegliche Verbreitung und Vervielfältigung dieses Werkes – durch welches Medium auch immer – untersagt.

© u-form Verlag | Hermann Ullrich GmbH & Co. KG
Cronenberger Straße 58 | 42651 Solingen
Telefon: 0212 22207-0 | Telefax: 0212 22207-63
Internet: www.u-form.de | E-Mail: uform@u-form.de

Vorwort

Mit diesem Prüfungstrainer bereitest du dich auf deine Zwischenprüfung zur Immobilienkauffrau/zum Immobilienkaufmann vor, nach der zurzeit gültigen Verordnung über die Berufsausbildung vom 14. Februar 2006.

Inhalt des Prüfungstrainers

Der thematische Aufbau des Prüfungstrainers orientiert sich am „Prüfungskatalog für die IHK-Zwischenprüfungen – Immobilienkaufmann/Immobilienkauffrau", Hrsg. AkA, Nürnberg.*

Der Prüfungskatalog gliedert die Inhalte der Zwischenprüfung in drei übergeordnete Prüfungsgebiete:

- Ausbildungsbetrieb und Immobilienmarkt
- Mietobjekte und Immobilienvermittlung
- Wirtschafts- und Sozialkunde

Der vorliegende Prüfungstrainer enthält Aufgaben zu allen drei Prüfungsgebieten.

Aufbau des Prüfungstrainers

Der Prüfungstrainer besteht aus drei separaten Teilen:

- Aufgabenteil
- Lösungs- und Erläuterungsteil
- Lösungsbogen (zum Heraustrennen aus dem Lösungsteil)

Der Aufgabenteil orientiert sich an der konkreten Zwischenprüfung. Deshalb liegt auch ein Lösungsbogen bei. Der Lösungsbogen sieht so ähnlich aus wie der der Prüfung. Das hat den Vorteil, dass du schon mal üben kannst, die Antworten richtig einzutragen. Lege den Lösungsbogen neben den Aufgabenteil: Bei einigen Aufgaben musst du die Lösungen zuerst in die Kästchen neben der Aufgabe schreiben und sie anschließend in den Lösungsbogen übertragen, bei anderen trägst du die Lösung direkt in den Lösungsbogen ein – genau wie in der Prüfung auch.

Der Lösungs- und Erläuterungsteil enthält die Lösungen mit ausführlichen Erläuterungen. Wenn du die Eintragungen des Lösungsbogens mit dem Lösungs- und Erläuterungsteil vergleichst, siehst du, welche deiner Antworten richtig und welche falsch sind. Die ausführlichen Erläuterungen dienen dazu, zu verdeutlichen, warum die im Lösungsteil angegebenen Lösungen richtig sind. Du kannst so genau im Zusammenhang nachvollziehen, wie die Lösungen lauten müssen und ggf. deine eigenen Lösungen korrigieren.

Neben den ausführlichen Erläuterungen findest du im Lösungsteil auch Schaubilder, Auszüge von Gesetzestexten und zusätzliche Informationen in Form von Randbemerkungen, die für den Berufsalltag wichtig sind. Es lohnt sich, darauf zu achten.

Viel Erfolg für deine Prüfung!

---

* Hinweis: Der Prüfungskatalog für die IHK-Zwischenprüfungen für den Beruf „Immobilienkaufmann/Immobilienkauffrau", Hrsg. AkA, Nürnberg, (bundeseinheitlich gültig) ist beim u-form Verlag erhältlich.

Inhaltsverzeichnis Aufgabenteil

Bereich	Aufgaben-Nr.	Seite
Vorwort		3
Downloadlink für Zusatzinformationen		6

Ausbildungsbetrieb und Immobilienmarkt

01	Stellung, Rechtsform und Struktur des Ausbildungsbetriebes	01.01 – 01.10	7 – 10
02	Arbeitsorganisation	02.01 – 02.05	11 – 13
03	Informations- und Kommunikationssysteme; Teamarbeit und Kooperation	03.01 – 03.11	14 – 19
04	Sicherheit und Gesundheitsschutz bei der Arbeit; Umweltschutz	04.01 – 04.06	20 – 22
05	Kundenorientierte Kommunikation; Entwicklungsstrategien, Marketing	05.01 – 05.08	23 – 26

Mietobjekte und Immobilienvermittlung

06	Vermietung	06.01 – 06.26	29 – 40
07	Pflege des Immobilienbestandes; Wohnräume verwalten	07.01 – 07.27	41 – 55
08	Erwerb, Veräußerung und Vermittlung von Immobilien	08.01 – 08.17	56 – 63
09	Betriebliches Rechnungswesen; Controlling	09.01 – 09.26	64 – 78

Wirtschafts- und Sozialkunde

10	Berufsbildung, arbeits-, sozial- und tarifrechtliche Vorschriften	10.01 – 10.13	81 – 87
11	Personalwirtschaft	11.01 – 11.09	88 – 92

Bereichsübergreifend

12	Berufsbezogenes Rechnen	12.01 – 12.10	95 – 97
13	Rechtliche Grundlagen des Wirtschaftens	13.01 – 13.11	98 – 102

Ausbildungsbetrieb und Immobilienmarkt

01 Stellung, Rechtsform und Struktur des Ausbildungsbetriebes

02 Arbeitsorganisation

03 Informations- und Kommunikationssysteme; Teamarbeit und Kooperation

04 Sicherheit und Gesundheitsschutz bei der Arbeit; Umweltschutz

05 Kundenorientierte Kommunikation; Entwicklungsstrategien, Marketing

Hinweis

Trage deine Lösungen in den beiliegenden **Lösungsbogen** ein. Diesen findest du im Lösungsteil zum Heraustrennen (nach Seite 4).

Achtung!

In IHK-Prüfungen wird die aktuelle Gesetzeslage berücksichtigt.

Sollten sich Änderungen ergeben haben oder falls Fehler in diesem Werk gefunden wurden, findest du Zusatzinformationen, Korrekturen und Rechenbeispiele zum Download unter:

www.u-form.de/addons/552-2025.zip

Stellung, Rechtsform und Struktur des Ausbildungsbetriebes

01.01

Die Immobilienkauffrau Mia Lehmann möchte sich als Maklerin selbstständig machen. Hierzu benötigt sie eine Erlaubnis nach § 34 c der Gewerbeordnung.

Unter welcher Voraussetzung wird diese Erlaubnis von der Gewerbeaufsichtsbehörde erteilt?

1. Es sind keine besonderen Voraussetzungen erforderlich. Frau Lehmann muss nur volljährig sein.
2. Die Erlaubnis nach § 34 c Gewerbeordnung erhält nur derjenige, der mindestens die Ausbildung zum Immobilienkaufmann/zur Immobilienkauffrau erfolgreich abgeschlossen hat.
3. Die Erlaubnis nach § 34 c Gewerbeordnung erhält nur derjenige, der mindestens ein immobilienwirtschaftliches Studium abgeschlossen hat.
4. Die Erlaubnis nach § 34 c Gewerbeordnung wird erteilt, wenn der Antragsteller die erforderliche Zuverlässigkeit besitzt und in geordneten Vermögensverhältnissen lebt.
5. Die Erlaubnis nach § 34 c Gewerbeordnung wird erteilt, wenn der Antragsteller die erforderliche Zuverlässigkeit besitzt, in geordneten Vermögensverhältnissen lebt und fachlich geeignet ist.

01.02

Das Bauträgerunternehmen Häuserbau Bielefeld GmbH möchte sich über einen neuen Geschäftspartner, das Bauunternehmen Steinhaus & Berg KG aus Hannover, näher informieren. Aus diesem Grund möchte die Häuserbau Bielefeld GmbH in das Handelsregister Einsicht nehmen.

An welche Stelle müsste sich die Häuserbau Bielefeld GmbH wenden, um den Handelsregisterauszug zu erhalten?

1. Amtsgericht Hannover
2. IHK Hannover
3. Gewerbeaufsichtsamt der Stadt Hannover
4. Niedersächsisches Landesamt für Bau und Liegenschaften
5. Finanzamt Hannover

01.03

Sie absolvieren eine Ausbildung bei der Wohnungsbaugesellschaft Bauer AG.

Welches der folgenden Geschäftsfelder ist eher untypisch für eine Wohnungsbaugesellschaft?

1. Errichtung von Wohngebäuden
2. Bewirtschaftung von Gebäuden und Verwaltung von Wohneigentum
3. Kauf und Verkauf von Baugrundstücken
4. Wirtschaftliche und technische Baubetreuung
5. Maklertätigkeit

Stellung, Rechtsform und Struktur des Ausbildungsbetriebes

01.04

Ordnen Sie den folgenden Aufgabenbereichen die jeweils zuständige Institution zu!

Institutionen

1. Gemeinde-/Stadtverwaltung
2. Amtsgericht
3. Berufsgenossenschaft
4. Industrie- und Handelskammer
5. Gewerbeaufsichtsamt

Aufgabenbereiche

a) Hilfe bei Fragen zur Ausbildung und Kündigung von Ausbildungsverhältnissen für Ausbilder, Ausbildende und Auszubildende

b) Festlegung von Unfallverhütungsvorschriften

c) Festlegung von Hausnummern, z. B. bei Neubauprojekten

01.05

Welche **beiden** Aussagen über eine Kommanditgesellschaft (KG) sind **falsch**?

1. Zu einer Kommanditgesellschaft gehören mindestens ein vollhaftender und mindestens ein teilhaftender Gesellschafter.
2. Bei einer KG handelt es sich um eine Kapitalgesellschaft.
3. Die Komplementäre haften neben ihrer (nicht geleisteten) Einlage auch persönlich mit ihrem Privatvermögen, die Kommanditisten haften nur mit ihrer (nicht geleisteten) Einlage.
4. Eine KG ist eine juristische Person, die Befugnis zur Geschäftsführung obliegt grundsätzlich den/dem Komplementär(en).
5. Eine KG wird in Abt. A des Handelsregisters eingetragen. Erst mit diesem Eintrag darf die KG Rechtsgeschäfte tätigen.
6. Die Gewinnverteilung einer KG wird in der Regel im Gesellschaftervertrag festgelegt. Wurde nichts festgelegt, richtet sich die Gewinn- oder Verlustbeteiligung nach den Werten der Beiträge.

01.06

Im Rahmen Ihrer Ausbildung bei der Wohnbau- und Verwaltungsgesellschaft mbH erhalten Sie den Auftrag, regelmäßig bis zum 10. des Monats alle Mieteingänge zu kontrollieren und säumigen Mietzahlern eine Zahlungsaufforderung zuzusenden. Was wurde Ihnen erteilt?

1. Einzelvollmacht
2. Artvollmacht
3. Generalvollmacht
4. Prokura
5. Allgemeine Handlungsvollmacht

Stellung, Rechtsform und Struktur des Ausbildungsbetriebes

01.07

Die angehende Immobilienkauffrau Anna Noack überlegt, nach ihrer erfolgreich abgeschlossenen Berufsausbildung gemeinsam mit ihrem Vater und dessen Geschäftsfreund ein Wohnungs-Verwaltungsunternehmen zu gründen, um vorerst den eigenen und später auch fremden Immobilienbestand zu verwalten. In diesem Zusammenhang trägt sie die Merkmale verschiedener Unternehmensformen zusammen.

Welche **drei** der folgenden Aussagen sind richtig?

1. Der Anteil an Gewinn und Verlust richtet sich bei einer OHG vorrangig nach den vereinbarten Beteiligungsverhältnissen. Sind diese nicht festgelegt, richtet sich die Beteiligung nach dem Verhältnis der vereinbarten Werte der Beiträge. Sind auch Werte der Beiträge nicht vereinbart worden, hat jeder Gesellschafter einen gleichen Anteil am Gewinn und Verlust.
2. Für die Gründung einer GmbH ist ein Mindestkapital (Stammkapital) von 25.000,00 € erforderlich.
3. Eine GmbH ist eine juristische Person, sie haftet gegenüber Dritten immer nur mit ihrem gezeichneten Stammkapital von 25.000,00 €.
4. Bei einer Kommanditgesellschaft muss im Außenverhältnis nur der/die Kommanditist(en) auch mit dem gesamten persönlichen Vermögen haften. Der/die Komplementär(e) haften nur mit ihrer (nicht geleisteten) Einlage.
5. Bei einer OHG ist jeder Gesellschafter einzeln zur Vertretung der Gesellschaft berechtigt. Trotzdem haften im Außenverhältnis alle Gesellschafter unmittelbar, persönlich und gesamtschuldnerisch für Verbindlichkeiten der OHG.
6. Bei der Firma „Grundbesitz Verwaltungs KG" handelt es sich um eine Kapitalgesellschaft.

01.08

Ein Unternehmen firmiert unter „Wohneigentum und Verwaltungs GmbH".

Welche der folgenden Aussagen ist **falsch?**

1. Es handelt sich um eine Kapitalgesellschaft.
2. Das Grundkapital dieser GmbH beträgt mindestens 50.000,00 €.
3. Diese Gesellschaft muss im Handelsregister (Abt. B) beim örtlichen Amtsgericht eingetragen sein. Dieser Eintrag wirkt konstitutiv (rechtsbegründend).
4. Aus dem HR-Eintrag gehen auch die Namen der Gesellschafter und die Höhe des gezeichneten Kapitals hervor.
5. Bei einer GmbH handelt es sich um einen sog. Formkaufmann, also eine juristische Person, die dem Handelsrecht unterliegt und durch einen Geschäftsführer vertreten wird.

Stellung, Rechtsform und Struktur des Ausbildungsbetriebes

01.09

Welche **drei** der folgenden Aussagen zu einer „Unternehmergesellschaft (haftungsbeschränkt)" sind richtig?

1. Eine „Unternehmergesellschaft (haftungsbeschränkt)" ist das gleiche wie eine „Offene Handelsgesellschaft", allerdings ist die Haftung gegenüber Dritten auf das Gesellschaftsvermögen beschränkt.
2. Es handelt sich hierbei um die sog. „Mini-GmbH" oder „Ein-Euro-GmbH". Sie ist lt. HGB eine Sonderform der GmbH, die aber mit wesentlich weniger Stammkapital und organisatorischem Aufwand gegründet werden kann.
3. Dabei handelt es sich nur um den eingedeutschten Begriff der englischen Limited (Ltd.).
4. Eine solche Gesellschaft führt den Firmenzusatz „UgmbH".
5. Eine solche Gesellschaft entsteht erst konstitutiv (rechtsbegründend) mit Eintragung in das Handelsregister.
6. Jährlich muss ein Viertel des Jahresüberschusses in die Gewinnrücklage eingestellt werden. Wenn insgesamt ein Stammkapital von 25.000 € erreicht ist, können die Gesellschafter beschließen, zu einer „richtigen" GmbH zu firmieren und/oder künftig auf die Gewinnrücklage zu verzichten.

01.10

Im Intranet des eigenen Ausbildungsunternehmens findet sich folgende Darstellung des Unternehmens:

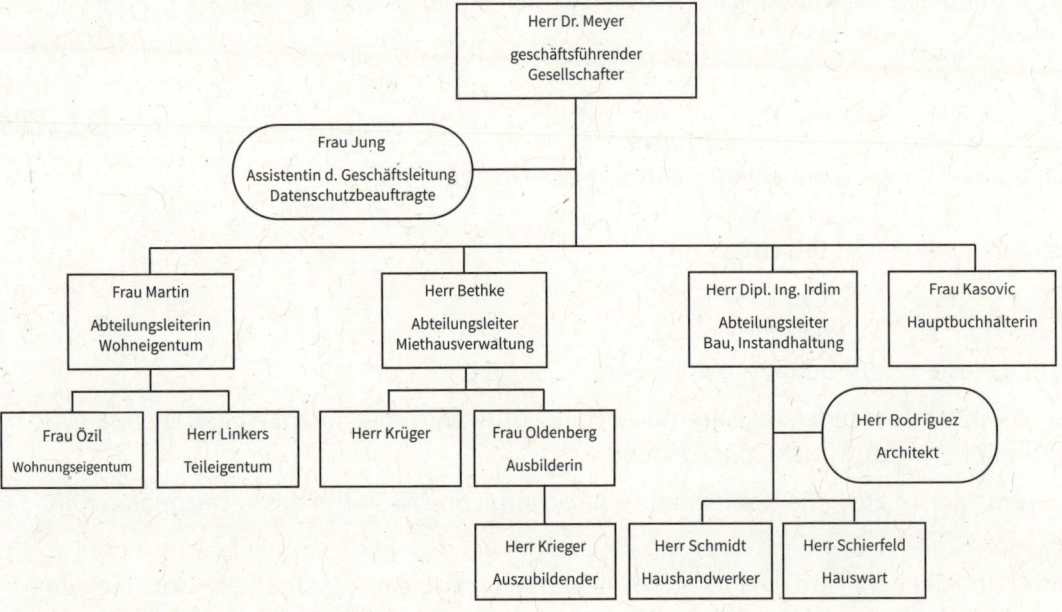

Hierbei handelt es sich um (**2** Antworten):

1. Eine Stellenbeschreibung
2. Eine Arbeitsplatzbeschreibung
3. Das Organigramm eines Liniensystems
4. Das Organigramm eines Stab-Linien-Systems
5. Die Darstellung der Aufbauorganisation
6. Die Darstellung der Ablauforganisation

Arbeitsorganisation

02.01

Herr Küster ist Prokurist bei der Hausbau AG. Es gelten die gesetzlichen Bestimmungen des HGB zur Prokura.

Welche der nachfolgend genannten Möglichkeiten hat Herr Küster **nicht?**

1. Herr Küster darf Firmengrundstücke kaufen.
2. Mit zusätzlicher Sondervollmacht kann Herr Küster Firmengrundstücke verkaufen.
3. Mit zusätzlicher Sondervollmacht kann Herr Küster die Steuererklärung der Hausbau AG unterzeichnen.
4. Herr Küster kann für die Hausbau AG einen Prozess führen.
5. Herr Küster kann mit zusätzlicher Sondervollmacht ein Firmengrundstück mit einer Hypothek belasten.
6. Herr Küster kann dem Angestellten Krause allgemeine Handlungsvollmacht erteilen.

02.02

Die Personalabteilung eines großen Immobilienunternehmens möchte die Effizienz der Mitarbeiter in den einzelnen Abteilungen erhöhen.

Welche **zwei** der folgenden Maßnahmen eignen sich dafür besonders?

1. Digitalisieren von Belegen und Verwaltung über ein Dokumentenmanagementsystem
2. Zentrale Beschaffung und Lagerung von Büromaterial
3. Mitarbeiterbefragung, zum Beispiel mittels (anonymem) Fragebogen
4. Vereinheitlichung und Automatisierung wiederkehrender Geschäftsprozesse, wenn möglich auch Einsatz von KI
5. Einsatz geeigneter Antivirensoftware

02.03

Im Rahmen des betrieblichen Qualitätsmanagements sollen interne Dokumentationspflichten bei betriebstypischen Arbeitsabläufen vereinheitlicht und verbessert werden.

Warum ist eine solche betriebliche Dokumentation überhaupt notwendig?

1. Um die Kundenbindung zu verbessern.
2. Um entsprechende gesetzliche Bestimmungen einzuhalten.
3. Weil damit Arbeitsabläufe und -vorgänge eindeutig und nachvollziehbar beschrieben werden.
4. Für Vertretungsregelungen bei Krankheit oder Urlaub.
5. Um kurzzeitige Mitarbeiter von Zeitarbeitsfirmen schnell einweisen zu können.
6. Um die Kontrolle durch die Geschäftsleitung zu erleichtern.

Arbeitsorganisation

02.04

Ordnen Sie die folgenden Vollmachten den zutreffenden Aussagen zu, indem Sie die Kennziffer der entsprechenden Vollmacht in die Kästchen neben den Aussagen eintragen. Übertragen Sie anschließend Ihre senkrecht angeordneten Lösungsziffern in dieser Reihenfolge von links nach rechts in den Lösungsbogen.

Vollmachten

1. Allgemeine Handlungsvollmacht
2. Artvollmacht
3. Einzelvollmacht
4. Prokura

Aussagen

a) Die bevollmächtigte Person darf nach den gesetzlichen Bestimmungen für das Unternehmen sämtliche gewöhnlichen und außergewöhnlichen Rechtsgeschäfte abschließen.

b) Herr Krause ist dauerhaft für das Kassieren von Bargeld verantwortlich.

c) Die bevollmächtigte Person darf nach den gesetzlichen Bestimmungen das Unternehmen nur in gewöhnlichen Handelsgeschäften vertreten.

d) Ein Mitarbeiter aus der Mietenbuchhaltung erhält eine Vollmacht für die Veranlassung einer Instandhaltung in Höhe von 10.000 €, weil der Mitarbeiter aus der Abteilung Instandhaltung erkrankt ist.

e) Der Mitarbeiter ist für Wohnungsübergaben und -abnahmen zuständig.

02.05

a) Sie erhalten den Auftrag, einen praktikablen Arbeitsablauf aufzustellen, um künftig den Eingang der Mietkautionen zu überwachen.

Bei der Aufstellung einer solchen Reihenfolge bestimmter, immer wiederkehrender Aufgaben handelt es sich um ein Element der

1. Aufbauorganisation
2. Stellenplanung
3. Wirtschaftsplanung
4. Ablauforganisation
5. Personalplanung
6. Marketingstrategie

Arbeitsorganisation

b) Bitte bringen Sie die folgenden Arbeitsschritte in die richtige Reihenfolge, indem Sie die Kennziffern von **1** bis **11** in die Kästchen neben den Arbeitsschritten eintragen. Übertragen Sie anschließend Ihre senkrecht angeordneten Lösungsziffern in dieser Reihenfolge von links nach rechts in den Lösungsbogen.

Hinweis: Die mit XX gekennzeichneten Zeitpunkte sind durch die Geschäftsleitung festzulegen.

ba) Durch den Vermieter wird ein Mietkautionskonto auf den Namen des Mieters eingerichtet.

bb) Der Mietvertrag wird vom Mieter und Vermieter unterzeichnet.

bc) In einem Vorgespräch werden die Mietvertragsinhalte vereinbart, u.a. auch die Verpflichtung des Mieters zur Zahlung einer Mietkaution von drei NKM auf ein vom Vermieter einzurichtendes Mietkautionskonto.

bd) Sollte bis zum XX. des Monats nach Mietvertragsbeginn noch keine Mietkaution eingegangen sein, ist die Geschäftsleitung zu informieren.

be) Spätestens am letzten Werktag vor Mietvertragsbeginn müssen alle Mieterdaten in der Verwaltungssoftware erfasst sein.

bf) Per Mietvertragsbeginn (Monatserster) muss die Sollstellung der Miete in der Verwaltungssoftware erfolgen und kontrolliert werden.

bg) Wenn ja, ist die Mietkaution sofort auf das entsprechende Kautionskonto des Mieters zu überweisen, dem Mieter wird eine Bestätigung übermittelt. Wenn nicht, ist Kontakt mit dem Mieter aufzunehmen (Telefon, Mail, Brief) und um sofortige Überweisung zu bitten.

bh) Spätestens am XX. Tag nach Mietvertragsbeginn ist zu kontrollieren, ob die Mietkaution (mindestens die erste Rate) auf das im Mietvertrag angegebene Konto eingegangen ist. Wenn ja, ist dem Mieter eine Bestätigung zu übermitteln; wenn nicht, gilt Folgendes:

bi) Spätestens am XX. Tag nach MV-Beginn ist zu prüfen, ob die Mietkaution mit der ersten Miete versehentlich auf das Mietenkonto eingezahlt wurde.

bj) Sollte bis zum XX. des Monats noch keine Mietkaution eingegangen sein, ohne dass eine entsprechende Information vorliegt, ist dem Mieter eine erste kaufmännische Mahnung zuzusenden mit dem Hinweis, dass die Nicht-Zahlung der Kaution eine Vertragsverletzung darstellt, die den Vermieter auch zur Kündigung des Mietverhältnisses berechtigt.

bk) Sollte bis zum XX. des Monats noch keine Mietkaution eingegangen sein, ohne dass eine entsprechende Information vorliegt, ist dem Mieter eine zweite kaufmännische Mahnung zuzusenden mit einer letzten Zahlungsfrist (Zahlungseingang auf dem im Mietvertrag angegebenen Konto) bis zum XX. d. M.

Informations- und Kommunikationssysteme; Teamarbeit und Kooperation

03.01

Um Dateien vor dem unbefugten Zugriff Dritter zu schützen, ist die Verwendung starker Passwörter sehr wichtig.

Wie sollte ein Passwort gestaltet sein, um eine möglichst hohe Sicherheit zu gewährleisten?

1. Es sollte eine Kombination aus drei Zahlen und drei Buchstaben sein.
2. Man wählt einen aus mindestens acht Zeichen bestehenden Begriff.
3. Es sollte sich um eine Kombination aus dem Namen und dem Geburtsdatum des Benutzers handeln.
4. Man nutzt eine aus mindestens acht Zeichen bestehende Kombination aus Buchstaben, Zahlen und Sonderzeichen.
5. Es ist letztlich egal, da jedes Passwort über die Systemsteuerung des Betriebssystems ausgelesen werden kann.
6. Man verwendet den Namen eines Prominenten.

03.02

Prüfen Sie, welche **zwei** der folgenden Aussagen richtig sind.

1. Um den Entwurf der Ihnen zugesandten Datei „Einladung.pdf" öffnen und weiterbearbeiten zu können, muss das Programm **Acrobat Reader** auf Ihrem Rechner installiert sein.
2. Um selbst PDF-Dateien erstellen zu können, benötigen Sie in jedem Fall das Programm **Adobe Acrobat**.
3. Dateien mit der Namenserweiterung ***.zip** sind komprimierte Dateien, die erst entpackt und gespeichert werden müssen, um sie bearbeiten zu können.
4. Wenn Sie in Ihrem Unternehmen ein bestimmtes Layout (Briefkopf, Logo, Schriftart, Fußzeile etc.) für einen Geschäftsbrief entwickelt haben und dies künftig für jeden Brief nutzen wollen, sollten Sie sich eine Dokumentvorlage erstellen. Eine solche Vorlage trägt bei MS Word die Namenserweiterung ***.dot** oder ***.dotx**.
5. Sie erhalten eine E-Mail mit der Mitteilung, dass Sie eine Rechnung noch nicht beglichen hätten. Im Anhang befindet sich die Rechnung selbst – eine Datei namens **„rechnung.exe"**.
Sie sollten den Anhang sofort öffnen und bearbeiten, da sonst möglicherweise Verzugszinsen oder andere Rechtsfolgen zu befürchten sind.
6. „Datenschutz" und „Datensicherheit" sind zwei verschiedene Begriffe für denselben Sachverhalt.

Informations- und Kommunikationssysteme; Teamarbeit und Kooperation

03.03

Welche **beiden** Aussagen zum Intranet sind **falsch**?

1. Intranet ist eine andere Bezeichnung für Internet.
2. Es handelt sich um ein unternehmensinternes Netz, das auf den Standards des Internets beruht.
3. Über das Intranet können Mitarbeiter firmenintern Daten austauschen, Informationen einholen, E-Mails versenden, Termine abstimmen usw.
4. Intranets können räumlich verteilte Organisationen in geschlossenen Nutzergruppen kommunizieren lassen.
5. Eine Datenkommunikation zwischen Internet und Intranet ist grundsätzlich nicht möglich.

03.04

Auf einer Messe wurde Ihrem Geschäftsführer eine KI vorgestellt, die für einfache Arbeitsprozesse angelernt werden kann. Er möchte diese KI gerne zukünftig in mehreren Abteilungen einsetzen und beauftragt Sie mit der Umsetzung.

Geben Sie an, welche der folgenden Maßnahmen am ehesten geeignet ist, die Mitarbeiterinnen und Mitarbeiter vom Einsatz der KI zu überzeugen.

Wählen Sie die **zwei** geeigneten Maßnahmen aus.

1. Sie beteiligen ausschließlich den Betriebsrat als Vertreter der Arbeitnehmer an der Maßnahme.
2. Sie informieren alle Kollegen rechtzeitig und beziehen sie in die Bestandsanalyse und den Umsetzungsprozess mit ein.
3. Die KI wird am besten erst eingerichtet. Wenn alles vorbereitet ist, informieren Sie die Kollegen per E-Mail.
4. Sie erstellen eine Umfrage für Ihre Kollegen und versichern, dass die Ergebnisse bei der Umsetzung berücksichtigt werden.
5. Kollegen, die regelmäßig mit der KI arbeiten werden, sollten die KI rechtzeitig testen und Anpassungsvorschläge machen können.
6. Sie stellen die Maßnahme allen Abteilungsleitern vor. Wenn die Abteilungsleiter überzeugt sind, sind es auch die Kollegen.

Informations- und Kommunikationssysteme; Teamarbeit und Kooperation

03.05

Die moderne Informationstechnik bietet vielfältige Möglichkeiten der Datenübertragung in Form von Sprache, Texten oder Bildern.

Ordnen Sie die folgenden Kommunikationsmittel den entsprechenden Erläuterungen zu, indem Sie die entsprechende Ziffer in das Kästchen eintragen. Übertragen Sie anschließend Ihre senkrecht angeordneten Lösungsziffern in dieser Reihenfolge von links nach rechts in den Lösungsbogen.

Kommunikationsmittel

1. Internet
2. E-Mail
3. Messenger-Dienst (z. B. WhatsApp, Signal, Telegram)
4. Videokonferenz
5. Intranet

Erläuterungen

a) Die Übermittlung von briefähnlichen digitalen Nachrichten über einen bestimmten Speicherplatz in einem zentralen Computer. In diesen Speicher können Nachrichten zur Weiterleitung eingegeben sowie Nachrichten daraus abgerufen werden.

b) Die Möglichkeit, mehrere Personen, die sich an unterschiedlichen Orten aufhalten, über Bild und Ton miteinander kommunizieren zu lassen, als wären sie im selben Raum.

c) Kurznachrichtendienst, der es ermöglicht, per Smartphone Mitteilungen (Text, Bild, Video, Ton) an andere Benutzer oder Benutzergruppen zu senden und zu empfangen.

d) Ein weltweites Computernetz, das bedeutende Teilnehmerzahlen aus dem öffentlichen, kommerziellen und privaten Bereich aufweist. Es dient der globalen Informationsbeschaffung und Übermittlung. Der Zugang zu diesem Netz erfolgt durch so genannte Provider.

e) Ein geschlossenes Teilnetz innerhalb eines Unternehmens. Es können nur vom Unternehmen dazu Berechtigte darauf zugreifen.

Informations- und Kommunikationssysteme; Teamarbeit und Kooperation

03.06

Bei der Hausbau GmbH sind 22 Mitarbeiterinnen und Mitarbeiter ständig mit der Verarbeitung personenbezogener Daten beschäftigt. Welche Vorschriften bezüglich eines Datenschutzbeauftragten gelten für die Hausbau GmbH?

1. Ein Datenschutzbeauftragter muss erst ab 30 Mitarbeitern bestellt werden.
2. Die Hausbau GmbH muss einen Datenschutzbeauftragten bestellen.
3. Die Hausbau GmbH benötigt keinen Datenschutzbeauftragten, da sie eine juristische Person des Privaten Rechts darstellt.
4. Wenn nur personenbezogene Daten verarbeitet werden, ist die Bestellung eines Datenschutzbeauftragten nicht erforderlich.
5. Die Hausbau GmbH kann freiwillig einen Datenschutzbeauftragten bestellen.

03.07

Der IT-Verantwortliche Ihres Unternehmens schlägt vor, wichtige Daten künftig zusätzlich „in einer Cloud" zu sichern. Was meint er damit?

1. Die zu sichernden Daten werden auf einen zweiten Rechner in einem besonders gesicherten Büroraum überspielt.
2. Mindestens einmal wöchentlich werden die Daten an die Firma Cloud-Systems übertragen.
3. Die Daten werden auf ein externes Speichermedium überspielt, welches einer der Geschäftsführer regelmäßig mit nach Hause nimmt und dort aufbewahrt.
4. In regelmäßigen Zeitabständen werden alle Aktualisierungen vorausgewählter Ordner in einem separaten Ordner zusätzlich gesichert.
5. Täglich zu einer bestimmten Uhrzeit wird über ein Programm eine Spiegelung der Festplatte vorgenommen.
6. Mittels eines geeigneten Programms werden die Daten zusätzlich über das Internet auf einem externen Rechner bei einem entsprechenden Dienstleister gespeichert.

Informations- und Kommunikationssysteme; Teamarbeit und Kooperation

03.08

Mittels welcher Maßnahme bzw. welchen Programms lassen sich die unten stehenden Problembereiche lösen oder minimieren?

Ordnen Sie zu, indem Sie die Kennziffer des jeweiligen Programms/der jeweiligen Maßnahme in die Kästchen neben den Problemen eintragen. Übertragen Sie anschließend Ihre senkrecht angeordneten Lösungsziffern in dieser Reihenfolge von links nach rechts in den Lösungsbogen.

Programm/Maßnahme

1. Virenschutzprogramm
2. Firewall
3. Passwortschutz
4. Back-up
5. OneDrive (Windows)

Problembereiche

a) Über das Internet oder externe Datenträger können Dateien auf den Rechner gelangen, die innerhalb des Systems Schäden anrichten.

b) Die aktuellen Dateien sollen regelmäßig auf einem externen Laufwerk gesichert werden, um bei eventuellem Datenverlust auf eine Sicherungskopie zurückgreifen zu können.

c) Ausgewählte Dateien, Ordner oder Programme werden sowohl lokal als auch im Internet gespeichert und regelmäßig automatisch aktualisiert. Damit kann man von jedem beliebigen Rechner mit Internetzugang über einen beliebigen Browser auf seine Dateien zugreifen.

d) Mittels eines sog. Trojaners könnten Informationen, die auf dem eigenen Rechner gespeichert sind, von fremden Rechnern ausgespäht werden.

e) Nur bestimmte berechtigte Personen sollen Zugang zum System erhalten.

03.09

In welchem Fall muss ein Mieter benachrichtigt werden, dessen persönliche Daten gespeichert werden sollen bzw. bereits gespeichert worden sind?

1. Der Mieter hat keine deutsche Staatsbürgerschaft.
2. Die Daten sollen erstmalig gespeichert werden.
3. Die Daten sollen gelöscht werden.
4. Die in der EDV vorhandenen Daten sollen in eine neue Software übertragen werden.
5. In den gespeicherten Daten wird ein Fehler entdeckt und berichtigt.

Informations- und Kommunikationssysteme; Teamarbeit und Kooperation

03.10

Auf der Website Ihres Unternehmens sind auch die Werte und die Unternehmensphilosophie zu finden. Dort lesen Sie, dass sehr viel Wert auf „Teamarbeit" gelegt wird. Welche Aussage entspricht am ehesten diesem Begriff?

1. Die Geschäftsleitung zahlt dem gesamten Team sowohl Urlaubs- als auch Weihnachtsgeld.
2. Die Stellenbeschreibungen für die Abteilungsleiter wurden geändert. Sie heißen jetzt Teamleader.
3. Jedes Teammitglied erhält ganz klare Arbeitsanweisungen, damit das Gesamtergebnis des Teams verbessert wird.
4. Jedes Team erhält einen bestimmten Projektbereich und bestimmte Ressourcen und muss selbstständig über die Arbeitsteilung und Ressourcenverwendung entscheiden, um ein vorgegebenes Ziel zu erreichen.
5. In einem Team können nur Generalisten zusammenarbeiten, die alle die gleichen Qualifikationen haben, damit jeder jeden vertreten und ersetzen kann.

03.11

Ordnen Sie die folgenden Führungsstile den Verhaltensweisen der Abteilungsleiter zu, indem Sie die Kennziffern von **3** der 4 Führungsstile in die Kästchen neben den Verhaltensweisen eintragen. Übertragen Sie anschließend Ihre senkrecht angeordneten Lösungsziffern in dieser Reihenfolge von links nach rechts in den Lösungsbogen.

Führungsstil

1. autoritär
2. kooperativ
3. laissez-faire
4. situativ

Verhaltensweisen

a) Abteilungsleiter Max beruft regelmäßig Teamsitzungen ein, erwartet Vorschläge für Problemlösungen, regt die Diskussion an und erwartet sachliche Unterstützung. Er trifft seine Entscheidungen erst nach solchen Besprechungen, auch wenn dies viel Zeit in Anspruch nimmt.

b) Abteilungsleiter Moritz arbeitet sehr effektiv. Er gibt kurze klare Arbeitsanweisungen und erwartet, dass diese genauestens umgesetzt werden.

c) Abteilungsleiterin Clara lässt ihren Mitarbeitern sehr viele Freiheiten. Sie bestimmen weitestgehend allein über Arbeitsinhalte, -organisation, -struktur. Clara greift kaum ein.

Sicherheit und Gesundheitsschutz bei der Arbeit; Umweltschutz

04.01

Zur Sicherheit der Arbeitnehmer am Arbeitsplatz wurden Rechtsvorschriften und Sicherheitsmaßnahmen erarbeitet.

Unter welchen **beiden** Kennziffern sind im Folgenden Sicherheitsmaßnahmen genannt?

1. Arbeitsstättenverordnung
2. Hinweisschilder für Fluchtweg
3. Arbeitsschutzgesetz
4. Verbotsschilder

04.02

Welches der nachstehend angegebenen Symbole besagt:

„Feuer, offenes Licht und Rauchen verboten"?

1.

2.

3.

4.

5.

Sicherheit und Gesundheitsschutz bei der Arbeit; Umweltschutz

04.03

Ordnen Sie die abgebildeten Gütezeichen und Prüfplaketten den Begriffen zu, indem Sie die entsprechende Kennziffer in das Kästchen neben den Begriffen eintragen. Übertragen Sie anschließend Ihre senkrecht angeordneten Lösungsziffern in dieser Reihenfolge von links nach rechts in den Lösungsbogen.

Gütezeichen/Prüfplaketten

1.
2.
3.
4.

Begriffe

a) Recyclingzeichen für umweltgerechte Entsorgung und Wiederverwertung

b) Dieses Zeichen verleiht das Umweltbundesamt.

c) Die Vorschriften des Gerätesicherheitsgesetzes müssen erfüllt sein.

d) Dieses Zeichen ist Elektroartikeln vorbehalten.

04.04

Büroarbeitsplätze sollen nach ergonomischen Gesichtspunkten gestaltet werden.

Welche **drei** Prinzipien geben die Inhalte wieder, die dieser Begriff umfasst?

1. Gestaltung des Arbeitsplatzes
2. Erhöhung des Arbeitsentgeltes
3. Bedürfnisse des Arbeitnehmers
4. Gestaltung der Arbeitsplatzumwelt
5. Verlängerung der Pausenzeiten

Sicherheit und Gesundheitsschutz bei der Arbeit; Umweltschutz

04.05

Die Anforderungen an Bildschirmarbeitsplätze werden durch die Arbeitsstättenverordnung geregelt (Anhang, Abschnitt 6 Maßnahmen zur Gestaltung von Bildschirmarbeitsplätzen).

Welche der folgenden Aussagen ist in diesem Zusammenhang **nicht** richtig?

1. Bildschirmarbeitsplätze sind so einzurichten und zu betreiben, dass die Sicherheit und der Schutz der Gesundheit der Beschäftigten gewährleistet sind.
2. Die Grundsätze der Ergonomie sind zu berücksichtigen.
3. Die Bildschirmgeräte sind so aufzustellen und zu betreiben, dass die Oberflächen frei von störenden Reflexionen und Blendungen sind.
4. Die Text- und Grafikdarstellungen auf dem Bildschirm müssen entsprechend der Arbeitsaufgabe und dem Sehabstand scharf und deutlich sowie ausreichend groß sein.
5. Alternative Eingabemittel (zum Beispiel Eingabe über den Bildschirm, Spracheingabe, Scanner) dürfen nur eingesetzt werden, wenn dadurch die Arbeitsaufgaben leichter ausgeführt werden können und keine zusätzlichen Belastungen für die Beschäftigten entstehen.
6. Die Anforderungen gelten nur für die zur Verfügung gestellte Hardware (Bildschirme, Tastaturen etc.), nicht aber für die verwendete Software.

04.06

Umweltschutz verursacht Kosten. Ökonomie und Ökologie können deshalb in einem Spannungsfeld stehen.

Welche Verhaltensweise ist ökologisch **nicht** sinnvoll?

1. Die Verwendung recyclebarer Rohstoffe
2. Die Verwendung nachfüllbarer Schreibgeräte
3. Die Verlagerung der Gütertransporte von der Straße auf die Schiene
4. Die Verwendung von tropischen Edelhölzern als Baumaterial
5. Die Verwendung von Farben und Lacken auf Wasserbasis

Kundenorientierte Kommunikation; Entwicklungsstrategien, Marketing

05.01

In einer Teamsitzung Ihres Unternehmens wird über die Werbung für modernisierte Eigentumswohnungen gesprochen. Einer der Kollegen schlägt ein Mailing vor. Was ist damit gemeint?

1. Automatisierter E-Mail-Versand an alle in Ihrer Datenbank gespeicherten potenziellen Interessenten
2. Eine Veröffentlichung in der örtlichen Tageszeitung
3. Eine Serienbriefaktion an alle in Ihrer Datenbank gespeicherten potenziellen Interessenten
4. Werbung auf Ihrer Homepage und anderen geeigneten Internet-Seiten
5. Handzettel, die in der Nähe der Eigentumsanlage verteilt werden

05.02

Ihr Immobilienunternehmen plant den Neubau und Verkauf von Eigentumswohnungen. Wodurch können Sie im Vorfeld systematisch Informationen über das wahrscheinliche Käuferverhalten gewinnen?

Durch …

1. Public Relations
2. Werbung
3. Markterschließung
4. Kundenselektion
5. Marktforschung

05.03

Ordnen Sie die folgenden drei Bestandteile der Marktforschung den jeweils richtigen Aussagen zu. Übertragen Sie anschließend Ihre senkrecht angeordneten Lösungsziffern in dieser Reihenfolge von links nach rechts in den Lösungsbogen.

Bestandteile

1. Marktanalyse
2. Marktbeobachtung
3. Marktprognose

Aussagen

a) Ermittlung bestimmter Marktgegebenheiten zu einem konkreten Zeitpunkt

b) Beobachtung und Auswertung bestimmter Fakten des Marktes im Zeitablauf, damit ständige Aufgabe eines Unternehmens

c) zukunftsbezogen, auf bisherige Marktforschungsergebnisse aufbauend, Grundlage für Unternehmensplanung

Kundenorientierte Kommunikation; Entwicklungsstrategien, Marketing

05.04

Ordnen Sie **2** der folgenden 5 Marketing-Maßnahmen den jeweiligen Marketing-Begriffen zu.

Marketing-Maßnahmen:

1. Motivierung der Mitarbeiter durch übertarifliche Bezahlung
2. Durchführung von Kundenbefragungen
3. Interne Fortbildung und Schulung der Mitarbeiter
4. Vergrößerung des Betriebes durch An- und Umbau
5. Kontaktaufnahme zu Behörden und Presse

Marketing-Begriffe

a) Public Relations

b) Marktanalyse

05.05

Der neue Marketingleiter Ihres Unternehmens erläutert den Einsatz verschiedener Marketing-Instrumente, um den Umsatz zu steigern.

Ordnen Sie die folgenden Marketing-Instrumente den entsprechenden Erklärungen auf der nächsten Seite zu. Übertragen Sie anschließend Ihre senkrecht angeordneten Lösungsziffern in dieser Reihenfolge von links nach rechts in den Lösungsbogen.

Marketing-Instrumente

1. Standortpolitik
2. Distributionspolitik
3. Produkt- bzw. Objektpolitik
4. Preispolitik
5. Kommunikationspolitik
6. Personalpolitik

Fortsetzung nächste Seite

Kundenorientierte Kommunikation; Entwicklungsstrategien, Marketing

Fortsetzung 05.05

Erklärungen

a) „Verteilung" – Absatzwege, z. B. Verkaufsbüro, Musterhaus, Supermarkt, Haustür, Fernabsatz, Marktstand, Telefon, Internet, Versteigerung, Makler ...

b) Konditionen, Nachlässe, Schlussverkauf, geldwerte Zusatzangebote, ...

c) Werbung durch z. B. Anzeigen, Exposés, Besichtigungen, Flyer, Informationsveranstaltungen, Telefon-Hotline, Öffentlichkeitsarbeit mittels z. B. sozialer Netzwerke, Public Relations (PR-Maßnahmen), öffentliche Veranstaltungen, soziales Engagement, Imagekampagnen

d) Fachkräfte, Mitarbeiterschulungen, Kundendienst, Sprechzeiten, Erreichbarkeit

e) Veränderung, Verbesserung, Anpassung der eigenen Produkte bzw. Objekte an die Nachfrage

f) Marktangepasste Auswahl der Lage eigener Büroräume (Parkplätze, behindertengerecht, öffentliche Verkehrsmittel) bzw. – insbes. in der Immobilienwirtschaft – positive Vermarktung der Lage und des Umfelds der Immobilien (Umfeld, Infrastruktur, Versorgung, Verkehrsanbindung, Erholung etc.) entsprechend der Zielgruppe

---

05.06

In einer Teamsitzung verkündet Ihre Chefin, dass die Kommunikationspolitik verbessert werden müsse. Sie nennt insbesondere die drei Bereiche: Werbung, Corporate Identity, Öffentlichkeitsarbeit.

Ordnen Sie zu, indem Sie die Kennziffern der drei Bereiche in die Kästchen neben den Erklärungen eintragen. Übertragen Sie anschließend Ihre senkrecht angeordneten Lösungen in dieser Reihenfolge von links nach rechts in den Lösungsbogen.

1. Werbung
2. Corporate Identity
3. Öffentlichkeitsarbeit

Erklärungen

a) Zur Positionierung des Unternehmens bei vorhanden und potenziellen Kunden und Geschäftspartnern werden konkrete (PR-)Maßnahmen eingesetzt. Die Wirkung soll langfristig sein und die Meinung über das Unternehmen sowie zukünftige Kaufentscheidungen mittel- und langfristig beeinflussen.

b) Das Gesamterscheinungsbild des Unternehmens nach außen wird durch die visuelle und formale Gestaltung und das Auftreten geregelt, z. B. mittels Visitenkarten, Briefkopfgestaltung, Logo, Dienstkleidung etc.

c) Schnelle bzw. kurzfristige Kaufentscheidungen sollen durch konkrete Angebote beeinflusst werden.

Kundenorientierte Kommunikation; Entwicklungsstrategien, Marketing

05.07

Sie sollen bestimmte Daten sammeln und statistisch aufbereiten. Dazu stehen Ihnen verschiedene Informationsquellen – Primärmaterial und Sekundärmaterial – zur Verfügung.

Mit welchem Informationsweg können Sie sich ausschließlich Sekundärmaterial erschließen?

1. Erstellung eines Fragebogens zur Befragung der Mitarbeiter(innen)
2. Durchführung von Interviews
3. Gemeinsam mit der Personalabteilung Ermittlung der Krankheitstage der Mitarbeiter
4. Auswertung statistischer Angaben der Berufsgenossenschaft
5. Auswertung der Ergebnisse einer Mitarbeitersprechstunde

05.08

Was versteht man unter dem Begriff „Marketing-Mix"?

1. Gängige Empfehlung aus der Werbebranche, immer mehrere Werbemittel zu kombinieren.
2. Der Marketing-Mix ist ein Instrument, um Zielgruppen spezifisch zu analysieren.
3. Im Laufe einer Marketing-Aktion werden nacheinander alle Marketing-Instrumente eingesetzt.
4. Auswahl und Kombination bestimmter Marketing-Instrumente, die zu einem bestimmten Zeitpunkt und unter bestimmten Bedingungen am erfolgversprechendsten erscheinen.
5. Marketing-Aufgaben werden teilweise von angestellten Mitarbeitern und teilweise von Freiberuflern oder externen Firmen ausgeführt.

INFO

Was sind Werbeträger und Werbemittel?

Werbeträger „tragen" das Werbemittel und damit die Werbebotschaft nach außen. Beispiele für Werbeträger: Maklergalgen, Schwarze Bretter, Bauzäune, Litfaßsäulen, Plakatwände, Anzeigetafeln, ...

Werbemittel sind die Gestaltungsmittel, mit denen die Werbebotschaft umgesetzt wird, zum Beispiel Hörfunkspots, Banner, Aushänge, Plakate, ...

Ein Bauzaun ist zum Beispiel ein Werbeträger. Das Werbebanner, das am Bauzaun befestigt ist und mit Werbung bedruckt wurde, ist das Werbemittel.

Mietobjekte und Immobilienvermittlung

Mietobjekte und Immobilienvermittlung

06 Vermietung

07 Pflege des Immobilienbestandes; Wohnräume verwalten

08 Erwerb, Veräußerung und Vermittlung von Immobilien

09 Betriebliches Rechnungswesen; Controlling

Notizen

Vermietung

06.01

Der Vermieter haftet für die Mangelfreiheit der Wohnung. Bei den Mängeln unterscheidet man Sach- und Rechtsmängel.

In welchem Fall liegt ein Rechtsmangel vor?

1. Wenn die Wohnung Feuchtigkeitsschäden aufweist.
2. Wenn der Mieter minderjährig ist und die Zustimmung des gesetzlichen Vertreters zum Abschluss des Mietvertrages fehlt.
3. Wenn im Winter die Heizung ausfällt.
4. Wenn der Vermieter den laut Mietvertrag zur Wohnung gehörenden Kellerraum bereits anderweitig vermietet hat.
5. Wenn die Wohnung tatsächlich nur eine Fläche von 68 m² aufweist, im Mietvertrag aber 79 m² Wohnfläche angegeben sind.

06.02

Der Vermieter muss seiner Instandhaltungspflicht nachkommen. Bei auftretenden Mängeln hat der Mieter unter Umständen das Recht, die Miete zu mindern.

In welchem der unten stehenden Fälle steht dem Mieter das Minderungsrecht **nicht** zu?

1. Die Wohnung ist mängelfrei, es fehlt jedoch der vom Vermieter im Mietvertrag ausdrücklich zugesicherte Kabel-TV-Anschluss.
2. Die unteren Räume einer Maisonette-Wohnung sind von Hochwasser überflutet und nicht nutzbar.
3. Aufgrund unvorhersehbaren erheblichen Baulärms von dem nicht dem Vermieter gehörenden Nachbargrundstück ist der Aufenthalt im direkt an das Nachbargrundstück angrenzenden Wohnzimmer tagsüber nicht zumutbar.
4. Aufgrund falschen Lüftungsverhaltens des Mieters hat sich an einer Wand im Schlafzimmer Schimmel gebildet.

Vermietung

06.03

Berechnen Sie die Wohnfläche der folgenden 1-Zimmer Dachgeschoss-Wohnung mit Hilfe der Vorschriften der Wohnflächenverordnung (WoFlV).

Runden Sie Ihre Zwischenergebnisse jeweils auf glatte Quadratzentimeter.

Zimmer:	5,20 x 4,70	7 % der Grundfläche des Zimmers sind niedriger als 1,0 m
		10 % der Grundfläche des Zimmers sind mindestens 1,0 m hoch, aber niedriger als 2,0 m
		Das Zimmer weist die folgenden Besonderheiten auf:
		Schornsteinfläche: 0,25 m x 0,33 m
		Fensternische bis zum Boden: Breite 1,20 m, Tiefe 0,13 m
		Türnische: 0,20 m x 0,85 m
Flur:	1,80 x 2,20	mit Türnischen zum Zimmer, zu Küche und Bad, senkr. Wände
Küche:	2,10 x 4,70	mit Türnische und Fensternische wie im Zimmer, senkr. Wände
WC:	2,20 x 2,50	ohne Fenster, senkr. Wände

Zur Wohnung gehört zur alleinigen Nutzung ein **Kellerraum** mit den Maßen 2,0 m x 2,50 m.

06.04

Der Vermieter hat im Mietvertrag für die in Aufgabe 06.03 genannte Wohnung fälschlicherweise eine um ca. 7 % größere Wohnfläche angegeben, als tatsächlich vorhanden. Der Mieter ist bereits eingezogen.

Welche Folgen ergeben sich? (**2 Antworten**)

1. Der Mietvertrag ist nichtig.
2. Der Mieter kann verlangen, dass ein neuer Mietvertrag mit der richtigen Wohnfläche und einem entsprechend gesenkten Mietpreis erstellt wird.
3. Da die Abweichung zwischen der tatsächlichen und der angegebenen Wohnfläche geringer ist als 10 %, gilt dies nicht als Sachmangel – der Mieter kann daraus keine Ansprüche ableiten.
4. Der Mieter hat das Recht, die Miete entsprechend zu mindern.
5. Es hat zwar keine Folgen für die laufende Mietzahlung, künftige Mieterhöhungen und Betriebskosten-Abrechnungen müssen aber auf Basis der tatsächlichen Wohnfläche erstellt werden.

Vermietung

06.05

Der private Vermieter Roland Bäcker vermietet eine Wohnung des ihm gehörenden Mehrfamilienhauses an seinen Sohn Michael Bäcker. Als Miete werden 200,00 € zuzüglich Heiz- und Warmwasserkosten vereinbart. Weitere Vereinbarungen werden nicht getroffen. Ein schriftlicher Mietvertrag wird nicht angefertigt. Der Vertrag wird lediglich mündlich abgeschlossen.

Beurteilen Sie die Rechtslage. Welche Aussage ist richtig?

1. Der Vertrag ist wegen Formverstoßes nichtig.
2. Der Vertrag ist wegen Formverstoßes anfechtbar.
3. Der Vertrag ist gültig. Er gilt als für unbestimmte Zeit abgeschlossen. Es gelten für ihn sämtliche anwendbaren gesetzlichen Mietrechtsvorschriften.
4. Der Vertrag ist nur deshalb gültig, weil die Vertragspartner Verwandte ersten Grades sind.
5. Der Vertrag kann von beiden Vertragspartnern jederzeit ohne Begründung mit sofortiger Wirkung gekündigt werden.

06.06

Sie haben in der Tageszeitung eine leer stehende Wohnung aus Ihrem Bestand mit folgendem Text inseriert:

> 3-Zimmer-Sozialwohnung, 78 m², Bad, Balkon, stadtnah,
> ruhige Lage, Gartennutzung, Bj. 1993, V, 98,2 kWh/(m²a),
> Heizöl, 360,00 € Miete + NK
> Wohnungsgesellschaft Bochum-Hustadt AG, Tel. (0234) 222 123.

An welchen Mieter dürfen Sie die Wohnung vermieten?

1. Nur an einen Mieter, der Ihnen vom Sozialamt vorgeschlagen wird.
2. An einen Mieter, der Ihnen einen Wohnberechtigungsschein mit passender Wohnfläche vorlegen kann.
3. Nur an einen Sozialhilfeempfänger.
4. Nur an einen Aktionär Ihrer Wohnungsgesellschaft.

Vermietung

06.07

Welche **beiden** der aufgeführten Kostenbeispiele zählen **nicht** zu den Betriebskosten?

1. Kosten der zur Verwaltung des Gebäudes erforderlichen Arbeitskräfte und Einrichtungen
2. Die Grundsteuer als laufend öffentliche Last des Gebäudes
3. Reinigung und Wartungskosten der zentralen Heizungsanlage
4. Kosten der Sach- und Haftpflichtversicherung des Gebäudes
5. Instandsetzungskosten zur Beseitigung von Abnutzung, Alterung und Witterungseinwirkung des Gebäudes

06.08

Aus dem Mietvertrag zwischen Mieterin Verona Feldbrand und Ihrem Wohnungsunternehmen ergeben sich auch für die Mieterin Pflichten. Teilweise werden in Mietverträgen den Mietern aber Pflichten auferlegt, die nicht mit dem Gesetz in Einklang sind und somit vom Mieter auch nicht erfüllt werden müssen.

Welche der unten aufgeführten Pflichten muss die Mieterin **nicht** erfüllen?

1. Die Mieterin hat die Miete auf ihre Kosten und ihr Risiko auf das Konto des Wohnungsunternehmens zu überweisen.
2. Die Mieterin hat die Wohnung pfleglich zu behandeln und Vorkehrungen zu schaffen, um Schäden auszuschließen.
3. Die Mieterin hat Mängel unverzüglich anzuzeigen und Maßnahmen zur Mängelbeseitigung zu dulden.
4. Die Mieterin hat beim Vermieter einen Wohnungsschlüssel zu hinterlegen, um bei Gefahr bzw. bei einem Schaden dem Vermieter Zutritt zur Wohnung zwecks Gefahrenabwehr bzw. sofortiger Schadenbehebung zu ermöglichen.

Vermietung

06.09

Ihr Wohnungsunternehmen hat mit der Mieterin Nadine Pahler einen Mietvertrag über eine Dachgeschosswohnung in einem Altbau abgeschlossen. Einige Zeit nach ihrem Einzug meldet die Mieterin Ihnen die folgenden Vorkommnisse und verlangt von Ihnen die Einleitung geeigneter Maßnahmen.

Welcher der unten aufgeführten Aufforderungen brauchen Sie als Vermieter **nicht** nachzukommen?

1. Das Geländer im Hausflur ist lose. Die Mieterin verlangt Befestigung.
2. An den Fenstern der gemieteten Wohnung blättert außen die Farbe ab, sodass die Rahmen feucht werden. Die Mieterin verlangt einen Neuanstrich der Rahmen.
3. Frau Pahler wünscht sich eine schnellere Internetverbindung als die bisherige und verlangt den Anschluss an das Glasfasernetz.
4. Aufgrund eines Sturmes sind mehrere Dachziegel vom Dach des Mietshauses gefallen. Durch das Loch im Dach dringt Regen in die Wohnung von Frau Pahler. Die Mieterin verlangt umgehende Reparatur des Daches.

06.10

Ihr Wohnungsunternehmen hat mit dem Mieter Hermann Mansfeld vor 5 ½ Jahren einen Mietvertrag abgeschlossen. Dabei wurde das von Ihrem Unternehmen verwendete Mietvertragsformular benutzt. Dieses Formular beinhaltet u. a. die folgende Klausel:

> „Schönheitsreparaturen sind vom Mieter durchzuführen.
>
> Die Renovierungsfristen betragen
> – für Küchen, Bäder und Duschräume 3 Jahre,
> – für Wohn- und Schlafräume, Flure, Dielen und Toiletten 5 Jahre und
> – für andere Nebenräume 7 Jahre.
>
> Beim Auszug hat der Mieter unabhängig von der Wohndauer Schönheitsreparaturen durchzuführen."

Bei Einzug war die Wohnung lt. Übergabeprotokoll komplett renoviert. Nach 4 Jahren hatte Herr Mansfeld die Küche sowie das Badezimmer renoviert. Jetzt nach 5 ½ Jahren zieht Herr Mansfeld aus.

Welche Aussage zu den Pflichten des Mieters ist zutreffend?

1. Da die Mietvertragsklausel unwirksam ist, schuldet der Mieter keinerlei Schönheitsreparaturen. Von ihm verursachte Sachschäden an der Wohnung hat er allerdings zu beseitigen.
2. Die mietvertragliche Vereinbarung ist für den Mieter verbindlich. Auch wenn objektiv noch keine Renovierung erforderlich ist, kann der Vermieter die Durchführung von Schönheitsreparaturen beim Auszug verlangen.
3. Bei Auszug des Mieters sind von diesem generell, auch unabhängig vom Fristenplan und einer vertraglichen Vereinbarung, Schönheitsreparaturen durchzuführen.
4. Da der Mieter eine renovierte Wohnung übernommen hat, schuldet er bei Mietvertragsende auch die Rückgabe einer renovierten Wohnung.

Vermietung

06.11

Im Mietvertrag zwischen Ihrem Wohnungsunternehmen und Mieter Karl Juny wurde rechtswirksam vereinbart, dass der Mieter die Schönheitsreparaturen zu tragen hat.

Welche **zwei** der unten aufgeführten Maßnahmen hat Herr Juny zu tragen?

1. Das durch normalen Verschleiß erforderliche Abschleifen und Neuversiegeln des Parketts
2. Das Lackieren der Wohnungstür von innen und außen
3. Das Neuverfliesen des Badezimmers
4. Das Streichen der Heizkörper und -rohre
5. Das Tapezieren oder Streichen der Decken und Wände innerhalb der Wohnung

06.12

Die Instandhaltungs- und Instandsetzungspflicht unterliegt per Gesetz dem Vermieter. Eine Abwälzung der Pflicht bzw. der Kosten ist nicht möglich. Eine Ausnahme können sog. „Kleinreparaturen", „kleine Instandhaltungsmaßnahmen" oder „Behebung von Bagatellschäden" bilden. Diese können unter bestimmten Umständen auf den Mieter abgewälzt werden.

Ein Mitarbeiter legt Ihnen vier Formulierungsvorschläge für eine Mietvertragsklausel vor.

Welcher dieser Vorschläge korrespondiert mit der Rechtsprechung bezüglich der Vereinbarung einer formularmäßigen Kleinreparaturklausel im Mietvertrag und kann somit wirksam vereinbart werden?

1. Der Mieter hat Kleinreparaturen an den in § 28 II. BV aufgezählten Gegenständen durchzuführen.
2. Der Mieter hat Kleinreparaturen an Installationsgegenständen für Elektrizität, Gas und Wasser, Heiz- und Kocheinrichtungen, Fenster- und Türverschlüssen und an Verschlussvorrichtungen von Fensterläden durchzuführen.
3. Der Mieter hat Kosten für Kleinreparaturen an Installationsgegenständen für Elektrizität, Gas und Wasser, Heiz- und Kocheinrichtungen, Fenster- und Türverschlüssen und an Verschlussvorrichtungen von Fensterläden bis zu einer Betragsgrenze von 100,00 € je Maßnahme und max. 8 % der Jahres-NKM zu tragen.
4. Der Mieter hat Kleinreparaturen an den in § 28 II. BV aufgezählten Gegenständen sowie an Elektroleitungen, Wasserleitungen, Abzugsventilatoren, Fenster- und Türangeln, Fensterdichtungen, Rollläden und Rollllädenkästen bis zu einer Gesamtsumme von 8 % der Jahres-NKM durchzuführen.

Vermietung

06.13

Die Mietvertragsformulare Ihres Unternehmens sollen künftig auch einen Verweis auf die Hausordnung enthalten, welche jedem Mietvertrag als Anlage beizufügen ist.

Was kann in einer solchen Hausordnung zulässig geregelt werden? (**2 Antworten**)

1. Regelungen zur Vermeidung von Ruhestörungen
2. Besichtigungsrecht des Vermieters
3. Verhaltensregeln gegenüber Besuchern
4. Wartung der Gemeinschaftswaschmaschinen
5. Verbot der Tierhaltung
6. Freihalten des Treppenhauses von privaten Gegenständen (Schuhe, Regale, Bilder u. a.)

06.14

Sie erstellen einen Mietvertrag für eine Wohnung in einem Mehrfamilienhaus.

Welche Kosten können Sie mietvertraglich **nicht** (anteilig) auf die Mieter umlegen?

1. Die Kosten für den Anstrich der Heizkörper in der Wohnung.
2. Die Kosten für die Reparatur eines Türgriffes in der Wohnung.
3. Die Kosten für die Wartung der Gasthermen.
4. Die Kosten der Treppenhausrenovierung.
5. Die Kosten für den Innenanstrich der Fenster.

06.15

Eine von der Hausverwaltung Kaiser verwaltete Wohnung soll befristet vermietet werden.

a) Was muss die Hausverwaltung Kaiser im Zusammenhang mit dem Zeitmietvertrag beachten?

1. Ein Zeitmietvertrag über Wohnraum darf für max. 5 Jahre abgeschlossen werden.
2. Vier Monate vor Ablauf des Zeitmietvertrages muss der Mieter darüber informiert werden, ob der gesetzlich zulässige Anlass für den Zeitmietvertrag noch besteht.
3. Nach Ablauf des Zeitmietvertrages kann sich der Mieter auf sein Widerspruchsrecht nach der Sozialklausel (§ 574 BGB) berufen.
4. Wird im Zeitmietvertrag bei Vertragsabschluss außer dem Datum der Beendigung des Mietverhältnisses nicht schriftlich der Grund der Befristung genannt, kommt automatisch ein unbefristeter Mietvertrag zustande.

Fortsetzung nächste Seite

Vermietung

06.15 Fortsetzung

b) Aus welchem Anlass darf ein Wohnraummietvertrag **nicht** befristet werden?

1. Nach Ablauf der Mietzeit will der Vermieter die Wohnung seiner Tochter überlassen.
2. Nach Ablauf der Mietzeit soll die Wohnung so wesentlich modernisiert und umgebaut werden, dass die Baumaßnahmen durch eine Fortsetzung des Mietverhältnisses erheblich erschwert würden.
3. Nach Ablauf der Mietzeit möchte der Vermieter die Wohnung leerstehend verkaufen.
4. Nach Ablauf der Mietzeit möchte der Vermieter, ein Steuerberater, die Wohnung an einen Mitarbeiter vermieten.

06.16

Ein Ehepaar hat sich bei Ihrem Wohnungsunternehmen als Interessent für die Anmietung einer 3-Zimmer-Wohnung gemeldet. Im Mietvertrag wird als Mieter jedoch nur der Ehemann genannt und auch nur dieser unterschreibt auf Mieterseite den Mietvertrag. In die Wohnung ziehen jedoch beide Ehepartner ein.

Welche Folgen ergeben sich dadurch für Ihr Wohnungsunternehmen?

1. Obwohl nur der Ehemann den Mietvertrag unterschrieben hat, haftet das Ehepaar gesamtschuldnerisch für die Miete und die Zahlung der Betriebskosten, da ein Ehepartner stets für die Verbindlichkeiten des jeweils anderen haftet.
2. Da die Ehefrau im Mietvertrag nicht genannt ist, hat sie kein Besitzrecht, d. h. der Vermieter kann jederzeit den Auszug der Ehefrau verlangen.
3. Will der Vermieter die Zwangsräumung der Wohnung betreiben, ist sowohl gegen den Mieter als auch gegen seine Ehefrau ein Räumungstitel erforderlich.
4. Wenn sich die Eheleute scheiden lassen, steht das Wohnrecht automatisch nur dem Ehemann als Mietvertragspartner zu.

06.17

In einem Artikel lesen Sie, dass auf dem Wohnungsmarkt in bestimmten Segmenten zurzeit ein Mietermarkt herrscht.

Was bedeutet dies?

1. Es besteht ein Nachfrageüberhang nach Wohnungen in diesen Segmenten.
2. Es herrscht Wohnraumknappheit.
3. Im Immobilienteil von Zeitungen und auf Internetportalen finden sich meist mehr Wohnungssuchanzeigen als Anzeigen mit Wohnungsangeboten.
4. Es existieren mehr leer stehende Wohnungen als Wohnungsnachfrager in diesem Segment.

Vermietung

06.18

Das Zusammenleben in einer Hausgemeinschaft erfordert gegenseitige Rücksichtnahme aller Hausbewohner. Um das ungestörte Zusammenleben zu erreichen, wird meist eine Hausordnung als rechtsverbindlicher Bestandteil des Mietvertrages vereinbart. Teilweise werden jedoch unzulässige, den Mieter zu sehr einschränkende und gegen die Rechte des Mieters verstoßende Regelungen in Hausordnungen getroffen.

Welche der nachfolgenden Regelungen ist **unzulässig?**

1. Musizieren ist während der allgemeinen Ruhezeiten von 13 – 15 Uhr und von 22 – 7 Uhr untersagt.
2. Festlichkeiten aus besonderem Anlass, die sich über 22 Uhr hinaus erstrecken, sollen den betroffenen Hausbewohnern rechtzeitig angekündigt werden.
3. Das Grillen mit festen oder flüssigen Brennstoffen ist auf den Balkonen nicht gestattet.
4. Das Empfangen von Besuch ist nach 22 Uhr nicht mehr gestattet.
5. Das Reinigen von Textilien und Schuhwerk darf nicht in den Fenstern, über Balkonbrüstungen oder im Treppenhaus erfolgen.
6. Für die Dauer seiner Abwesenheit oder im Krankheitsfalle hat der Hausbewohner dafür Sorge zu tragen, dass die Reinigungspflichten eingehalten werden. Bei längerer Abwesenheit ist der Schlüssel zu hinterlegen. Das Wohnungsunternehmen ist hierüber zu unterrichten.
7. Der Personenaufzug darf von Kleinkindern nur in Begleitung Erwachsener benutzt werden. Es ist darauf zu achten, dass der Aufzug nicht unnötig benutzt wird.

06.19

Ein vermietetes Mehrfamilienhaus ist vor vier Monaten in Eigentumswohnungen umgewandelt worden. Sie haben eine der vermieteten Wohnungen erworben und wollen dem Mieter, der die Wohnung seit vier Jahren bewohnt, möglichst schnell kündigen, um die Wohnung selbst zu beziehen.

Wie können Sie sich verhalten?

1. Sie können dem Mieter unter Einhaltung der gesetzlichen Kündigungsfrist von sechs Monaten wegen Eigenbedarfs kündigen.
2. Sie können als Erwerber frühestens in drei Jahren eine Eigenbedarfskündigung aussprechen. Wenn die Wohnraumversorgung der Bevölkerung in der entsprechenden Gemeinde besonders gefährdet ist kann es sein, dass diese Frist bis zu zehn Jahre beträgt.
3. Sie können sich als Erwerber nicht vor Ablauf von drei Jahren auf Eigenbedarf berufen. Ferner müssen Sie beachten, dass sich dieser Zeitraum in Gemeinden, in denen die ausreichende Versorgung der Bevölkerung mit Mietwohnungen zu angemessenen Bedingungen besonders gefährdet ist, auf bis zu zehn Jahre verlängern kann. Der verlängerte Zeitraum gilt jedoch nicht, wenn Sie dem Mieter vergleichbaren Ersatzwohnraum nachweisen.
4. Sie können dem Mieter unter Einhaltung einer Kündigungsfrist von neun Monaten wegen Eigenbedarfs kündigen.

Vermietung

06.20

Ihr Wohnungsunternehmen hat versehentlich eine vorübergehend leer stehende Wohnung zweimal vermietet.

Der erste Mietvertrag mit vereinbartem Mietbeginn zum 1. Mai wurde am 13. April mündlich geschlossen, die Schlüssel wurden bereits an den Mieter übergeben, der entsprechende schriftliche Mietvertrag ist formuliert und soll dem Mieter zur Unterzeichnung zugesandt werden.

Der zweite Mietvertrag wurde am 15. April unterschrieben, Mietbeginn 1. Juni.

Der Mieter des ersten Vertrages hat die Wohnung wie geplant am 1. Mai bezogen.

Am 1. Juni steht der zweite Mieter mit Familie und Möbeln vor dem Haus und erfährt, dass „seine" Wohnung schon vermietet und bezogen ist. Der erste Mieter hat bisher noch keinen schriftlichen Mietvertrag erhalten bzw. unterschrieben.

Welche Rechte kann der zweite Mieter gegenüber Ihrem Wohnungsunternehmen geltend machen?

1. Er kann den sofortigen Auszug des ersten Mieters verlangen, da er einen wirksamen Mietvertrag vorlegen kann.
2. Er kann seinen Mietvertrag wegen Nichtgewährung des Gebrauchs sofort fristlos kündigen und Schadensersatz verlangen.
3. Er kann Mietminderung verlangen oder vom Mietvertrag zurücktreten.
4. Da der erste Mieter ebenfalls einen wirksamen Mietvertrag abgeschlossen hat und der Doppelvertrag auf einem Versehen des Wohnungsunternehmens beruht, kann der zweite Mieter keine Rechte geltend machen.

06.21

Ihr Wohnungsunternehmen hat eine öffentlich geförderte Wohnung, für die ein Wohnberechtigungsschein erforderlich ist, annonciert. Ein Mietinteressent meldet sich bei Ihnen und fragt, wo er den Wohnberechtigungsschein erhalten kann.

Welche Auskunft geben Sie ihm? (**3** Antworten)

1. Beim Wohnungsamt oder Sozialamt
2. Bei Ihrem Wohnungsunternehmen
3. Beim Liegenschaftsamt
4. Bei der Stadt- oder Gemeindeverwaltung

Vermietung

06.22

Da das Familieneinkommen eines Mieters unter den gesetzlichen Grenzen liegt, hat er einen Wohnberechtigungsschein erhalten. Er fragt Sie, welche Folgen es hat, wenn er zukünftig aufgrund einer erwarteten Lohnerhöhung mehr verdient und sein Einkommen die gesetzlichen Grenzen überschreitet.

Welche Antwort ist richtig?

1. Dies hat keinerlei Folgen für ihn.
2. Da er die Voraussetzungen für den Wohnberechtigungsschein nicht mehr erfüllt, hat er spätes-tens am Ende des Monats, in dem die Lohnerhöhung in Kraft tritt, die Wohnung zugunsten eines wohnberechtigten Mieters zu räumen.
3. Der Vermieter kann dem Mieter aus diesem Grund unter Einhaltung der gesetzlichen Kündigungsfrist kündigen.
4. Der Mieter darf in der Wohnung wohnen bleiben, er hat jedoch unter Umständen eine Ausgleichsabgabe (Fehlbelegungsabgabe) zu zahlen.

06.23

Bei Sozialwohnungen, die vor dem 01.01.2002 (Nordrhein-Westfalen: 01.01.2003) errichtet wurden, darf nur die Miete verlangt werden, die zur Deckung der laufenden Aufwendungen erforderlich ist (Kostenmiete). Die Mieterträge dürfen also die laufenden Aufwendungen nicht übersteigen.

Welche Kostenart dürfen Sie bei der Ermittlung der durchschnittlichen Kostenmiete **nicht** ansetzen?

1. Fremdkapitalzinsen
2. Eigenkapitalkosten (kalkulatorische EK-Zinsen)
3. Abschreibungen
4. Verwaltungskosten
5. Betriebskosten
6. Instandhaltungskosten

06.24

Eine freifinanzierte Wohnung in einem durch Rechtsverordnung bestimmten Gebiet mit angespanntem Wohnungsmarkt war 15 Jahre vermietet und ist jetzt frei geworden. Ein Wohnungsunternehmen möchte bei der Neuvermietung eine neue Miethöhe festlegen. Welche der folgenden Aussagen ist richtig?

1. Hier gilt die Mietpreisbremse. Das heißt, dass die Miethöhe grundsätzlich nicht verändert werden darf.
2. Da kürzlich eine neue Wohnungstür eingebaut wurde, liegt eine Modernisierung vor. Die Miethöhe darf also frei festgelegt werden.
3. Die neue Nettokaltmiete darf maximal 10 % über der ortsüblichen Vergleichsmiete liegen.
4. Die Kappungsgrenze besagt, dass die Miete innerhalb von zwei Jahren um nicht mehr als 30 % steigen darf.

Vermietung

06.25

Ein Wohnungsunternehmen hat für ein öffentlich gefördertes Mehrfamilienhaus mit zehn Wohnungen (750 m² Gesamtwohnfläche) im Rahmen einer Wirtschaftlichkeitsberechnung laufende Aufwendungen in Höhe von 3.675,00 € ermittelt.

Einschließlich 2 % Mietausfallwagnis ergibt sich somit eine durchschnittliche Kostenmiete in Höhe von 5,00 € pro m².

Die Förderzusage für das Haus wurde vor dem 31.12.2001 erteilt.

Wie darf oder muss das Unternehmen die Miete auf die einzelnen Wohnungen verteilen?

1. Die Durchschnittsmiete ist zwingend gleichmäßig zu verteilen, d. h. jeder m² kostet 5,00 € Miete.
2. Das Wohnungsunternehmen ist berechtigt, Zu- und Abschläge, z. B. für Erdgeschoss- und Dachgeschosswohnungen, zu erheben. Zwingend ist aber, dass die Summe der Einzelmieten keinen höheren Betrag als die laufenden Aufwendungen ergibt.
3. Weitere Zuschläge (z. B. Untermietzuschlag) darf der Vermieter bei öffentlich geförderten Wohnungen nicht erheben.
4. Der Anteil der Miete für eine dem Mieter überlassene Garage ist in die Durchschnittsmiete eingerechnet und bei der Einzelmiete daher nicht zu berücksichtigen.

06.26

Die unten genannten Arbeitsschritte beziehen sich auf die Vorgehensweise bei der Neuvermietung einer Wohnung.

Bringen Sie die Arbeitsschritte in die richtige Reihenfolge, indem Sie die Ziffern **1** bis **8** in die Kästchen neben den Schritten eintragen. Übertragen Sie anschließend Ihre senkrecht angeordneten Lösungsziffern in dieser Reihenfolge von links nach rechts in den Lösungsbogen

Arbeitsschritte bei Neuvermietung einer Wohnung

a) Mieterakquisition (z. B. Anzeigen auf Internetportalen oder in Zeitungen)

b) Entscheidung für einen konkreten Mieter

c) Kündigung durch den derzeitigen Mieter

d) Erstbesichtigung durch potenzielle Mieter, Datenaufnahme

e) Mieterselbstauskunft und Schufa-Auskunft verlangen, Einkommensverhältnisse u.ä. Infos

f) Kündigungsbestätigung

g) Unterzeichnung des Mietvertrages

h) Übergabe der Wohnung mit Übergabeprotokoll und Schlüsselübergabe an den Mieter

Pflege des Immobilienbestandes; Wohnräume verwalten

07.01

Ein privater Hauseigentümer beauftragt Sie als Verwalter seines Mietwohnhauses damit, die Aufgaben der Hausbewirtschaftung für ihn zu übernehmen.

Welche **zwei** der folgenden Tätigkeiten dürfen Sie ohne besondere Zustimmung des Eigentümers **nicht** ausführen?

1. Die Überwachung des Mieteingangs
2. Die Übernahme des Zahlungsverkehrs
3. Die Auswahl neuer Mieter inkl. Mietvertragsabschluss
4. Die Erhöhung der Miete auf die ortsübliche Vergleichsmiete (§ 558 BGB)
5. Die Erhöhung der Miete eines Indexmietvertrages aufgrund gestiegener Lebenshaltungskosten

07.02

Die Vergabe von Instandhaltungsaufträgen und der dazugehörende Zahlungsverkehr sind Aufgaben bei der Verwaltung eines fremden Mietobjektes. Nachdem ein Angestellter eines Verwaltungsunternehmens mehrfach versäumt hat, die Rechnung eines Handwerkers pünktlich zu bezahlen, schaltet dieser nach drei vergeblichen Mahnungen einen Anwalt ein.

Wer haftet für die entstandenen Anwaltskosten und Verzugszinsen?

1. Der Eigentümer des Mietobjekts haftet für den entstandenen Schaden, da der Verwalter bei der Vergabe von Instandhaltungsaufträgen in seinem Namen handelt.
2. Das Verwaltungsunternehmen haftet für den entstandenen Schaden, da es seine Sorgfaltspflicht verletzt hat.
3. Der untergebene Angestellte des Verwaltungsunternehmens, der für diesen einen Auftrag verantwortlich war, haftet persönlich für den entstandenen Schaden.
4. Die Berufshaftpflichtversicherung des Verwaltungsunternehmens haftet für den entstandenen Schaden, da sie zur Absicherung solcher Fälle abgeschlossen wurde.

07.03

Welche Angaben enthält normalerweise eine Mieterakte? (**3** Antworten)

1. Den objektbezogenen Instandhaltungsplan
2. Die schriftlich fixierten Nebenabreden mit dem Mieter
3. Das Übergabeprotokoll mit der Zustandsbeschreibung und den Zählerständen
4. Die grundbuchrechtliche Bezeichnung des Grundstücks
5. Den Mietvertrag

Pflege des Immobilienbestandes; Wohnräume verwalten

07.04

In welchem Fall liegt ein Sachmangel vor?

1. Der Vermieter hat die Wohnung doppelt vermietet.
2. Im Trockenraum ist kein Platz für die Waschmaschine.
3. Die mitvermietete Garage wird von einem anderen Mieter benutzt.
4. Ein anderer Mieter führt im Winter seinen Schneeräumdienst nicht durch.
5. Das Fenster im Badezimmer ist schlecht zu schließen.

07.05

In welchem Fall liegt ein Rechtsmangel vor?

1. Der Fernsehempfang über die Gemeinschaftsantenne fällt häufig aus.
2. Der Keller ist noch vom Vormieter belegt.
3. Die Toilette im Gäste-WC ist aufgrund eines defekten Spülkastens nicht zu benutzen.
4. Der Mietvertrag wurde nur von einem Ehegatten unterschrieben.
5. Der Nachbar parkt häufig mit seinem Auto die Hofeinfahrt zu.

07.06

Ordnen Sie **3** der folgenden 7 Aufgaben des Vermieters bzw. Mieters den nachfolgenden Pflichten des Vermieters bzw. des Mieters zu, indem Sie die entsprechende Kennziffer der Aufgaben in die Kästchen neben den Pflichten eintragen. Übertragen Sie anschließend Ihre senkrecht angeordneten Lösungsziffern in dieser Reihenfolge von links nach rechts in den Lösungsbogen!

Aufgaben des Vermieters bzw. des Mieters

1. Abrechnung der Betriebskosten
2. Auswechseln defekter Glühbirnen im Hausflur
3. Reparatur eines tropfenden Wasserhahns
4. Pünktliche Mietzahlung am dritten Werktag im Monat im Voraus
5. Regelmäßiges Lüften und Heizen der Räume
6. Abmahnen von Mietern, die gegen die Hausordnung verstoßen
7. Melden von Feuchtigkeitsschäden im Badezimmer

Pflichten des Vermieters bzw. des Mieters

a) Obhutspflicht

b) Verkehrssicherungspflicht

c) Anzeigepflicht

Pflege des Immobilienbestandes; Wohnräume verwalten

07.07

In welchem der folgenden Fälle steht dem Mieter ein Mietminderungsanspruch wegen eines Mangels zu?

1. Wenn der Mangel bei Vertragsabschluss im Übergabeprotokoll festgehalten war, der Vermieter sich zur Beseitigung verpflichtet, aber erst nach vier Wochen den Mangel beseitigen lässt.
2. Wenn der Mangel während der Mietzeit auftritt und der Mieter die Anzeige unterlässt.
3. Wenn der Mieter den Mangel selbst verursacht hat.
4. Wenn im Mietvertrag die Mietminderungsansprüche wegen Mängeln ausgeschlossen wurden.
5. Wenn der Mieter eine mangelhafte Mietsache in Kenntnis des Mangels (Übergabeprotokoll ohne weitere Vereinbarung) vorbehaltlos annimmt.

07.08

Sie haben gerade ein vermietetes Mehrfamilienhaus in den Verwaltungsbestand übernommen. Die Bestandsmieten liegen bei 6,50 €/m² Wohnfläche, die letzten Mieterhöhungen nach § 558 BGB wurden vor sechs Jahren durchgeführt, die ortsübliche Vergleichsmiete liegt bei 9,20 €/m² Wohnfläche. Eine Kappungsgrenzenverordnung gilt nicht!

Welche **zwei** Aussagen hinsichtlich einer Mieterhöhung nach § 558 BGB (Mieterhöhung bis zur ortsüblichen Vergleichsmiete) sind richtig?

1. Die Mieten können mit einer Ankündigungsfrist von drei Monaten auf die ortsübliche Vergleichsmiete (oVM) von 9,20 €/m² erhöht werden.
2. Die Mieten dürfen hier um max. 20 % auf 7,80 €/m² erhöht werden (in Gemeinden mit Kappungsgrenzenverordnung nur um 15 % auf 7,475 €/m²).
3. Da die Miete nach § 558 BGB alle drei Jahre um 20 % angehoben werden kann und seit der letzten Mieterhöhung sechs Jahre vergangen sind, kann die Miete jetzt um 40 % auf 9,10 €/m² angehoben werden.
4. Einer Mieterhöhung nach § 558 BGB muss der Mieter bis zum Ende des übernächsten Monats nach Zugang des Mieterhöhungsverlangens zustimmen. Damit wird die erhöhte Miete mit Beginn des dritten Monats nach Zugang des ME-Verlangens fällig.
5. Wenn ein Mieter sog. Härtegründe geltend macht (Krankheit, Alter, geringes Einkommen, Schwangerschaft u. ä.) und damit der Mieterhöhung widerspricht, kann die Miete nicht erhöht werden.

Pflege des Immobilienbestandes; Wohnräume verwalten

07.09

Welche Aussage ist im Zusammenhang mit der Betriebskostenabrechnung **nicht** richtig?

1. Die Betriebskostenabrechnung muss den Mietern spätestens 12 Monate nach Ende des Abrechnungszeitraums zugegangen sein.
2. Betriebskosten sind nur solche, die in der Betriebskostenverordnung (BetrKV) aufgeführt werden.
3. Der Vermieter darf die Betriebskosten nach einer schriftlichen Erklärung gegenüber den Mietern zukünftig verbrauchsabhängig abrechnen, auch wenn im Mietvertrag etwas anderes geregelt ist.
4. Haben die Mietvertragsparteien im Mietvertrag keinen Umlageschlüssel vereinbart, sind die Betriebskosten nach der Personenzahl umzulegen.

07.10

Auch wenn bei der BeKo-Abrechnung die Umlage nach der Wohnfläche erfolgt, gibt es gesetzlich **zwei** Ausnahmen. Welche?

1. Die Kosten der Müllabfuhr sind immer nach dem Umlageschlüssel „Anzahl der im Haushalt lebenden Personen" abzurechnen, da das Müllaufkommen ja unmittelbar von der Personenzahl abhängt.
2. Der Wasserverbrauch ist per Wasseruhr zu erfassen und nach diesem erfassten Verbrauch abzurechnen.
3. Auch wenn die Betriebskosten des Aufzugs grundsätzlich nach dem Umlageschlüssel „m² Wohnfläche" verteilt werden, sind die Erdgeschosswohnungen von der Umlage ausgenommen.
4. Die Betriebskostenposition „TV-Kabelanschluss" ist nach dem Umlageschlüssel „Wohneinheiten" aufzuteilen, wenn jede Wohnung trotz unterschiedlicher Größe über einen Anschluss verfügt.
5. Wird der Verbrauch einer Betriebskostenart erfasst, so ist daraufhin auch nach dem erfassten Verbrauch abzurechnen und nicht mehr nach der Wohnfläche.
6. Heizkosten sind immer lt. Heizkostenverordnung zu erfassen und abzurechnen. Der Vermieter ist für die Ausstattung mit Erfassungsgeräten und die Ablesung verantwortlich.

Pflege des Immobilienbestandes; Wohnräume verwalten

07.11

Die Wohnungsbaugesellschaft Marburg AG mit Hauptsitz in Marburg erhält einen Grundsteuerbescheid für eine Liegenschaft in der Bahnhofstraße 4 in Gießen.

a) Sie werden mit der Überprüfung des Grundsteuerbescheids beauftragt.

Wie viel Euro Grundsteuer müsste Ihr Unternehmen auf Basis der unten stehenden Angaben vierteljährlich zahlen, wenn der Grundsteuerbescheid richtig ist?

Angaben zur Berechnung der Grundsteuer:

Einheitswert: 36.250,00 €

Steuermesszahl: 3,5 ‰

Steuermessbetrag: 126,875 €

Hebesatz der Stadt Marburg: 350 %

b) Bei der Überprüfung des Grundsteuerbescheids fällt Ihnen auf, dass die Gemeinde bei der Berechnung der Grundsteuer irrtümlich einen falschen Hebesatz verwendet hat.

Welches Recht haben Sie in diesem Fall?

1. Sie legen Widerspruch gegen den Grundsteuerbescheid bei der Stadt Marburg ein.
2. Sie legen Widerspruch gegen den Grundsteuerbescheid bei der Stadt Gießen ein.
3. Sie legen Widerspruch gegen den Grundsteuerbescheid beim zuständigen Finanzamt in Marburg ein.
4. Sie legen Widerspruch gegen den Grundsteuerbescheid beim zuständigen Finanzamt in Gießen ein.

c) Welche der folgenden Aussagen zur Grundsteuer ist **falsch**?

1. Die Grundsteuer ist eine sog. Realsteuer.
2. Die Grundsteuer ist an die Gemeinde zu zahlen, in der das Grundstück liegt.
3. Der Grundsteuerbescheid wird vom Finanzamt erstellt.
4. Die Basis für die Berechnung des Grundsteuermessbetrages ist der sog. Grundbesitzwert.

INFO

Neue Grundsteuerberechnung ab 2025

Im November 2019 wurde die Grundsteuerreform durch den Bundesrat beschlossen. Die Bundesländer haben nun bis 2025 Zeit, ihre Grundsteuerberechnungen neu zu regeln. Es ist ihnen freigestellt, ob sie das sog. Bundesmodell als Grundlage nehmen oder ein eigenes Berechnungsmodell aufstellen.

Pflege des Immobilienbestandes; Wohnräume verwalten

07.12

Frau Kathrin Kruse hat eine 5-Zimmer Wohnung bei der Wohnbau Bochum-Weitmar GmbH angemietet. In dem entsprechenden Wohnraummietvertrag steht folgende Vereinbarung:

> Die Gesamtmiete in Höhe von 1.000 EUR Grundmiete + 200 EUR Betriebskostenvorauszahlung ist monatlich im Voraus spätestens am dritten Werktag eines Monats fällig. Die Miete ist auf das Konto … bei der Sparkasse Bochum zu zahlen.

a) Welche **zwei** der folgenden Aussagen sind in diesem Zusammenhang **falsch**?

1. Die Mieterin hat nur dann rechtzeitig gezahlt, wenn die Miete am 3. Werktag des jeweiligen Monats dem Bankkonto der Vermieterin gutgeschrieben wird.
2. Die Mieterin muss die Miete auf ihr Risiko und ihre Kosten an die im Mietvertrag genannte Bankverbindung der Wohnbau Bochum GmbH überweisen.
3. Mietzahlungen für Wohnraum sind von der Umsatzsteuer befreit.
4. In einem Formularmietvertrag darf vereinbart werden, dass der Mieter den Vermieter ermächtigt, die jeweilige Miete zum Fälligkeitszeitpunkt von seinem Konto einzuziehen.
5. Da auch der Samstag als Werktag gilt, muss er auch in die Ermittlung des 3. Werktags einbezogen werden. Nur Sonn- und Feiertage bleiben unberücksichtigt.

b) Auf dem Mietkonto der Frau Kruse werden Anfang August folgende Mieteingänge festgestellt:

- Ende Juni: Das Mietenkonto von Frau Kruse ist ausgeglichen
- Juli: 950,00 € ⇨ Fehlbetrag 250,00 €
- August: 100,00 € ⇨ Fehlbetrag 1.100,00 €

Die Wohnbau Bochum-Weitmar GmbH prüft am 10. August, ob angesichts der hohen Rückstände eine fristlose Kündigung wegen Zahlungsverzugs möglich ist.

Welche der folgenden Aussagen ist in diesem Fall richtig?

1. Eine fristlose Kündigung wegen Zahlungsverzugs ist nur möglich, wenn die Mieterin vorher abgemahnt wurde.
2. Eine fristlose Kündigung wegen Zahlungsverzugs ist möglich, weil die Mietrückstände aus den letzten beiden Monaten mehr als zwei Monatsmieten betragen.
3. Eine fristlose Kündigung wegen Zahlungsverzugs ist möglich, weil die Mietrückstände aus den letzten beiden Monaten mehr als eine Monatsmiete betragen.
4. Eine fristlose Kündigung wäre auch dann möglich, wenn die Mieterin bis zum 10. August die Mietrückstände vollständig bezahlt hätte.

Fortsetzung nächste Seite

Pflege des Immobilienbestandes; Wohnräume verwalten

Fortsetzung 07.12

c) Nachdem der Mieterin Kruse fristlos gekündigt wurde, weigert sich diese beharrlich, die Wohnung zu räumen.

Welche der folgenden Aussagen ist in diesem Zusammenhang **falsch**?

1. Der Vermieter darf die Mieterin nicht eigenmächtig aus der Wohnung entfernen, sondern muss einen Gerichtsvollzieher mit der Zwangsräumung beauftragen. Hierzu ist ein vollstreckbarer Titel auf Räumung erforderlich.
2. Zur Erlangung dieses vollstreckbaren Titels muss der Vermieter Räumungsklage bei dem Amtsgericht erheben, in dessen Bezirk der Vermieter seinen Wohnsitz/Geschäftssitz hat.
3. Zur Beschaffung des Ersatzwohnraumes kann das Gericht auf Antrag des Mieters oder von Amts wegen eine angemessene Räumungsfrist von max. 1 Jahr gewähren.
4. Da 5 Wochen nach Zugang der Räumungsklage (= Eintritt der Rechtshängigkeit des Räumungsanspruchs) das Sozialamt (erstmalig) sämtliche Mietrückstände der Frau Kruse begleicht, wird die ihr gegenüber ausgesprochene fristlose Kündigung unwirksam.

07.13

Zur Absicherung von Forderungen gegen den Mieter steht dem Vermieter das gesetzliche Vermieterpfandrecht zu. Da dieses in der Praxis aufgrund des meist nur geringen Wertes und der problematischen Verwertbarkeit des Hausrates zahlungsunfähiger Mieter nur schwer durchsetzbar ist, werden Sie als Vermieter im Rahmen des Mietvertrages i. d. R. die Stellung einer Mietkaution verlangen.

Welche der folgenden Aussagen zur Stellung einer Mietkaution ist richtig?

1. Der Mieter hat dem Vermieter die Kaution spätestens mit der ersten Miete komplett zu überweisen.
2. Der Mieter hat die Kaution dem Vermieter beim Abschluss des Mietvertrages in bar zu übergeben. Der Vermieter muss das Geld auf einem Mietkautionskonto (Sparkonto mit dreimonatiger Kündigungsfrist) anlegen.
3. Der Mieter hat das Recht, die Kaution in drei gleichen Monatsraten zu überweisen – die erste Rate mit Beginn des Mietverhältnisses, die beiden folgenden Raten mit den beiden folgenden Mietzahlungen. Kommt der Mieter mit der Kautionszahlung in Höhe von zwei Monatsmieten (ohne BeKo-VZ) in Verzug, ist der Vermieter zur außerordentlichen fristlosen Kündigung berechtigt.
4. Der Vermieter darf für die vom Mieter in bar erbrachte Kaution auch ohne dessen Zustimmung eine andere Geldanlageform (z. B. Aktienfonds) wählen.
5. Die Mietkaution darf max. drei NKM betragen. Bei Schülern, Azubis oder Studenten darf der Vermieter zusätzlich eine Bürgschaft der Eltern fordern.

Pflege des Immobilienbestandes; Wohnräume verwalten

07.14

In welchem Fall kann ein Wohnraummieter einer Kündigung durch den Vermieter widersprechen, weil sie für ihn, seine Familienangehörigen oder andere Angehörige seines Haushalts eine unzumutbare Härte darstellt?

1. Der Vermieter hat außerordentlich wegen schuldhafter, nicht unerheblicher Pflichtverletzung gekündigt, weil der Mieter mit mehr als 2 Monatsmieten in Zahlungsverzug ist.
2. Der Vermieter hat ordentlich gekündigt, da seine Tochter in die Wohnung einziehen soll.
3. Ein befristetes Mietverhältnis läuft aus, und der Mieter findet keinen angemessenen Ersatzwohnraum zu angemessenen Bedingungen.
4. Der Vermieter hat nach einer Abmahnung außerordentlich fristlos gekündigt, da durch die erhebliche Verletzung der Obhutspflicht durch den Mieter die Mietsache gefährdet ist.

07.15

In welchem Fall ist die Kündigung von Wohnraum durch den Vermieter **nicht** zulässig?

1. Ein Vermieter kündigt den Erben eines verstorbenen Mieters außerordentlich mit einer dreimonatigen Kündigungsfrist, ohne dass ein berechtigtes Interesse an der Kündigung vorliegt.
2. Ein Vermieter kündigt dem Mieter ohne Angabe von Gründen. Die Mieterwohnung befindet sich in einem Haus mit zwei Wohnungen, von denen eine der Vermieter selbst bewohnt.
3. Ein Vermieter kündigt eine vermietete Wohnung, damit dort seine Tochter einziehen kann.
4. Der Vermieter kündigt eine zusammen mit der Wohnung vermietete Garage, da sie in zusätzlichen Wohnraum umgewandelt werden soll.
5. Der Vermieter nimmt eine sogenannte Änderungskündigung vor, um danach in einem neuen Mietvertrag eine höhere Miete zu vereinbaren.

07.16

Die Wohnungsbaugesellschaft Bochum-Weitmar GmbH kündigt einem Mieter am 16. Januar 2025 ordentlich wegen schuldhafter, nicht unerheblicher Pflichtverletzung.

Der Mieterakte können folgende Angaben entnommen werden:

- Mietvertragsbeginn für diese Wohnung: 1. Februar 2020
- Kündigungsfristen: gesetzlich
- Vom 1. Februar 2017 bis zum 31. Januar 2020 wohnte der Mieter in einer anderen Wohnung im selben Haus, die er auf Wunsch des Vermieters gegen die aktuelle Wohnung getauscht hat.

Wann endet das Mietverhältnis?

Pflege des Immobilienbestandes; Wohnräume verwalten

07.17

Entscheiden Sie, ob in den folgenden Situationen der Vermieter von Wohnraum berechtigt ist,

1. eine ordentliche Kündigung oder
2. eine außerordentliche fristgemäße Kündigung oder
3. eine außerordentliche fristlose Kündigung vorzunehmen oder
4. keine Kündigung aussprechen darf.

Ordnen Sie den folgenden Situationen die entsprechende Kennziffer zu. Übertragen Sie anschließend Ihre senkrecht angeordneten Lösungsziffern in dieser Reihenfolge von links nach rechts in den Lösungsbogen.

Situationen:

a) Der Vermieter möchte die Wohnung aus berechtigten Gründen selbst nutzen.

b) Der Vermieter möchte kündigen, um die Wohnung zu einem höheren Mietpreis neu zu vermieten.

c) Ein Mieter einer 70 m²-Wohnung überlässt einen Teil seiner Wohnung einem vierköpfigen Montagearbeiter-Team zur Untermiete. Die daraus resultierende Überbelegung führte bereits zu einer Abmahnung durch den Vermieter, verbunden mit der (erfolglosen) Aufforderung, dieses vertragswidrige Verhalten innerhalb einer angemessenen Frist abzustellen.

d) Der Mieter hat erstmalig das Treppenhaus nicht gereinigt, obwohl er sich dazu mietvertraglich verpflichtet hat.

e) Nach dem Tod eines Mieters wird das Mietverhältnis mit dessen Erbe fortgesetzt. Der Vermieter möchte dem Erben kündigen, um die Wohnung zu einem höheren Mietpreis neu zu vermieten.

Pflege des Immobilienbestandes; Wohnräume verwalten

07.18

Herr Schröder hat eine 2-Zimmerwohnung bei der GWG Siegen gemietet. Da er mit seinen Mietzahlungen laufend in Rückstand ist und trotz Abmahnung wieder einmal unpünktlich gezahlt hat, spricht die GWG eine ordentliche Kündigung wegen schuldhafter, nicht unerheblicher Pflichtverletzung aus.

a) Welche Aussage ist im Zusammenhang mit dem Kündigungsschreiben richtig?

1. Die GWG Siegen spricht die Kündigung nur aus Beweisgründen schriftlich aus. Nach dem BGB wäre auch eine mündliche Kündigung zulässig.
2. Die Kündigung wird erst mit Zugang beim Mieter wirksam. Die Beweislast für den Zugang des Kündigungsschreibens trägt der Vermieter.
3. Die GWG Siegen kann, muss aber nicht den Kündigungsgrund in dem Kündigungsschreiben angeben. Er kann auch noch später nachgeliefert werden.
4. Wenn die GWG Siegen den Mieter Schröder nicht auf sein Widerspruchsrecht nach der Sozialklausel (§ 574 BGB) hinweist, ist die Kündigung unwirksam.
5. Der Mieter Schröder kann sich in diesem Fall nicht auf die Sozialklausel berufen, da er den Grund für die Kündigung selbst gesetzt hat.

b) Der Mietvertrag mit Herrn Schröder besteht seit sieben Jahren.
Die Kündigung geht Herrn Schröder am 4. April zu.

Wann endet das Mietverhältnis?

Kalenderauszug

April					
Montag	1.	8.	15.	22.	29.
Dienstag	2.	9.	16.	23.	30.
Mittwoch	3.	10.	17.	24.	
Donnerstag	4.	11.	18.	25.	
Freitag	5.	12.	19.	26.	
Samstag	6.	13.	20.	27.	
Sonntag	7.	14.	21.	28.	

Feiertage:
01.04. Ostermontag

Pflege des Immobilienbestandes; Wohnräume verwalten

07.19

Ihr Mieter Sven Brauer hat zum 31. März 2025 gekündigt. Aus der Mieterakte können Sie die folgenden Daten entnehmen:

Baujahr der Wohnung:	1983
Bindung:	keine
Mieternummer:	120.700.01
Wohnung:	44797 Bochum, Kemnader Str. 300, I. OG rechts
Mieter:	Sven Brauer
Beginn des Mietverhältnisses:	01.08.2019
Eingang der Kündigung:	30.12.2024
Art der Kündigung:	ordentlich
Kündigung zum:	31.03.2025
Schönheitsreparaturen:	trägt der Mieter

Sie vereinbaren mit Herrn Brauer einen Wohnungsabnahmetermin für den 28.03.2025.

Das Ergebnis der Wohnungsabnahme halten Sie in einem Abnahmeprotokoll fest.

a) Welche Aussage zum Abnahmeprotokoll ist **falsch**?

   1. Das Abnahmeprotokoll sollte zweckmäßigerweise von Ihnen und Herrn Brauer unterschrieben werden.
   2. Wurde bei der Wohnungsabnahme ein Mangel übersehen und nicht im Abnahmeprotokoll aufgeführt, hat dies keine rechtlichen Konsequenzen. Der Mieter Brauer haftet trotzdem, da er zur mangelfreien Rückgabe der Mietsache verpflichtet ist.
   3. Bestätigt Herr Brauer in dem Abnahmeprotokoll durch seine Unterschrift, dass bestimmte Mängel vorhanden sind, kann er später nicht mehr bestreiten, dass die Mietsache bei Beendigung des Mietverhältnisses mangelhaft war.
   4. Sinn eines von beiden Seiten unterschriebenen Abnahmeprotokolls ist es, spätere Streitigkeiten über das Vorhandensein und die Art der Schäden an der Mietsache zu verhindern.
   5. In einem Abnahmeprotokoll werden u.a. die Zähler-Zwischenstände (Strom, Wasser u. ä.) festgehalten.

b) Bei der Wohnungsabnahme am 28.03.2025 wird ein Feuchtigkeitsschaden am Parkettfußboden festgestellt, der eindeutig vom Mieter verursacht wurde.

   Bis zu welchem Termin müssen Sie den Schadensersatzanspruch rechtswirksam geltend machen, um eine Verjährung zu vermeiden?

Fortsetzung nächste Seite

Pflege des Immobilienbestandes; Wohnräume verwalten

07.19 Fortsetzung

c) Im Rahmen der Wohnungsabnahme am 28. März stellen Sie fest, dass Herr Brauer fällige Schönheitsreparaturen nicht durchgeführt hat. Eine zum 1. April geplante Neuvermietung wird sich damit voraussichtlich verzögern. Wie ist die Rechtslage?

1. Sie können unverzüglich einen Handwerker mit der Durchführung der Schönheitsreparaturen beauftragen. Die Handwerkerkosten muss der Mieter tragen. Die sich verzögernde Neuvermietung geht zu Lasten des Vermieters.

2. Sie können unverzüglich einen Handwerker mit der Durchführung der Schönheitsreparaturen beauftragen. Die Handwerkerkosten und den Mietausfall können Sie dem Mieter in Rechnung stellen.

3. Da eine Durchführung der Schönheitsreparaturen nicht mehr möglich ist, verlangen Sie von Herrn Brauer Schadenersatz, der dem neuen Mieter zugute kommt.

4. Sie können die Wohnungsrücknahme wegen der nicht durchgeführten Schönheitsreparaturen ablehnen.

5. Sie können erst dann Schadenersatz geltend machen, wenn Sie dem Mieter eine angemessene Nachfrist setzen.

07.20

Bei der Kreisbau Steinfurt AG hat der Mieter Schmitz seine Wohnung zum 30. April gekündigt. Bei der Wohnungsabnahme verlangt er die sofortige Auszahlung der Kaution zuzüglich Zinsen. Welche Aussage ist in diesem Zusammenhang richtig?

1. Die Kautionszinsen stehen dem Vermieter zu und müssen nicht ausgezahlt werden.

2. Eine gesetzliche Frist zur Rückgabe der Kaution gibt es nicht. Der Vermieter hat eine angemessene Frist zur Erstellung der Endabrechnung.

3. Der Vermieter darf die Kaution bis zur nächsten Betriebskostenabrechnung behalten, auch wenn diese erst in 10 Monaten erstellt wird.

4. Die Kaution ist zuzüglich Zinsen bei Wohnungsabnahme an den Mieter zurückzugeben. Mögliche Schadenersatzansprüche des Vermieters dürfen nicht mit der Kaution verrechnet werden und müssen gesondert eingefordert werden.

07.21

Ein Mieter zieht nach zehn Jahren aus seiner preisfreien Wohnung aus. Erstellen Sie auf Basis der unten stehenden Angaben eine Kautionsabrechnung und ermitteln Sie den Betrag, der an den Mieter zu überweisen ist.

Angaben zur Kautionsabrechnung:

– 1.300,00 € Kaution zuzüglich 2,5 % Kautionszinsen p.a.

– Schadenersatzforderung wegen unterlassener Schönheitsreparaturen 1.000,00 €

– Mietrückstände 200,00 €

– Nachzahlungen aus der Betriebskostenabrechnung sind nicht zu erwarten

Pflege des Immobilienbestandes; Wohnräume verwalten

07.22

Für verschiedene technische Einrichtungen in Mietwohnhäusern bestehen aus Sicherheitsgründen gesetzliche Pflichten zur Durchführung von Wartungen, etwa für Aufzugsanlagen, Brandschutzanlagen oder Feuermeldeanlagen.

Aus diesem Grund schließen Wohnungsunternehmen häufig Vollwartungsverträge mit Fremdfirmen ab.

Welche der folgenden Aussagen ist in diesem Zusammenhang **falsch**?

1. Wartungsverträge gewährleisten bei technischen Anlagen in der Regel einen optimalen, d.h. kostengünstigeren Betrieb und Instandhaltung.
2. Bei der Ausführung und Rechnungsstellung der Wartungstätigkeiten wird nicht zwischen Wartungs- und Instandhaltungskosten unterschieden, da die Gesamtkosten in der Betriebskostenabrechnung auf die Mieter umgelegt werden dürfen.
3. Bei der Vergabe von Wartungsarbeiten ist ein genauer Preisvergleich aufgrund der genauen Leistungsbeschreibung möglich.
4. Für die allgemeinen Wartungsarbeiten werden in der Praxis üblicherweise Pauschalpreise vereinbart, um die Abrechnung zu vereinfachen.

07.23

In einem Mietwohnhaus bricht ein Feuer aus, das den Dachstuhl und einige Mietwohnungen völlig zerstört. Nach der Bestandsanalyse wird entschieden, die Mietwohnungen und den Dachstuhl wieder aufzubauen.

Welche Versicherung hat das Wohnungsunternehmen (hoffentlich) gegen diese Brandschäden abgeschlossen?

1. Haftpflichtversicherung
2. Hausratversicherung
3. verbundene Gebäudeversicherung
4. Unfallversicherung

07.24

Am 02.12.2024 erhielten Sie das Kündigungsschreiben eines Mieters. Sie prüfen die ordentliche Kündigung auf Richtigkeit und stellen keine Fehler fest. Im Mietvertrag wurde keine besondere Regelung getroffen.

Jetzt müssen Sie noch ein Bestätigungsschreiben aufsetzen. Welchen Termin müssen Sie in das Bestätigungsschreiben eintragen?

Pflege des Immobilienbestandes; Wohnräume verwalten

07.25

Im Rahmen der Beendigung eines Mietverhältnisses wird beim Auszug des Mieters ein Abnahmeprotokoll angefertigt und von den Vertragspartnern unterzeichnet. Angenommen, bis auf die im Mietvertrag vereinbarten, fälligen und erforderlichen Schönheitsreparaturen wurden keine Mängel testiert.

Welche rechtliche Bedeutung hat dies?

1. Das Abnahmeprotokoll hat keinerlei rechtliche Bedeutung. Es dokumentiert lediglich den Zustand der Wohnung.
2. Die Testierung der Mängelfreiheit ist ein negatives Schuldanerkenntnis bezüglich der Mängelfreiheit der Wohnung. D. h., auch wenn später versteckte Mängel in Erscheinung treten, die der Vermieter bei der Übergabe übersehen hat, hat er diesbezüglich keine Ansprüche mehr gegen den Mieter.
3. Die testierte Mängelfreiheit bezieht sich nur auf offene Mängel. Für versteckte Mängel haftet der Mieter weiter.
4. Nach Ausführung der Schönheitsreparaturen hat der Mieter sofort Anspruch auf Rückzahlung der Kaution, da der Vermieter durch das von ihm unterzeichnete Abnahmeprotokoll dokumentiert hat, dass er außer den Schönheitsreparaturen keinerlei Ansprüche mehr gegen den Mieter hat.

07.26

Als Mitarbeiter(in) der Wohnbau Springer AG erfahren Sie vom Tod der Mieterin Ursula Schmidt. Der Mieterakte entnehmen Sie, dass Frau Schmidt gemeinsam mit ihrem Ehemann und ihrer volljährigen Tochter in der Wohnung lebte. Mietvertragspartei war nur Frau Schmidt. Es wurde ein Zeitmietvertrag abgeschlossen, der noch 4 Jahre läuft.

Welche Aussage ist in diesem Zusammenhang richtig?

1. Das Mietverhältnis erlischt mit dem Tod der Mieterin. Die anderen Mitbewohner müssen ausziehen.
2. Das Mietverhältnis wird mit dem Ehemann und der Tochter fortgesetzt. Diese können innerhalb eines Monats erklären, dass sie das Mietverhältnis nicht fortsetzen möchten.
3. Das Mietverhältnis geht mit dem Tod des Mieters unmittelbar auf die Erben über. Diese können innerhalb eines Monats erklären, dass sie das Mietverhältnis nicht fortsetzen möchten. Der Eintritt in das Mietverhältnis gilt dann nicht als erfolgt.
4. Der Ehemann tritt alleine in das Mietverhältnis ein. Er kann innerhalb eines Monats erklären, dass er das Mietverhältnis nicht fortsetzen möchte. In diesem Fall tritt dann die Tochter in das Mietverhältnis ein.
5. Der Ehemann tritt alleine in das Mietverhältnis ein. Er kann innerhalb eines Monats erklären, dass er das Mietverhältnis nicht fortsetzen möchte. In diesem Fall treten dann die Erben in das Mietverhältnis ein. Die Erben haben das Recht, das Mietverhältnis innerhalb eines Monats außerordentlich mit der gesetzlichen Frist zu kündigen.

Pflege des Immobilienbestandes; Wohnräume verwalten

07.27

Am Wochenende kam es im Stadtteil einer von Ihnen betreuten Mietwohnanlage zu einem schweren Unwetter. Der Sturm hat die Äste eines Baumes so stark gegen das Gebäude schlagen lassen, dass ein Dachfenster zerschlagen wurde. Dadurch konnte Regen ungehindert in den Wohnraum eindringen.

Herr Deniz, der Mieter der betroffenen Wohnung, ruft Sie an und berichtet Ihnen, dass durch das eintretende Regenwasser sein neuer Computer beschädigt wurde. Er fragt Sie, ob der Schaden durch die Gebäudeversicherung abgedeckt ist.

Welche Auskunft erteilen Sie ihm? Wählen Sie die **zwei** zutreffenden Aussagen aus.

1. Die Gebäudeversicherung greift, wenn Feuer- und Blitzeinschlag, Leitungswasser, Sturm und Hagel Schäden am Gebäude verursachen.
2. Die Elementarversicherung des Gebäudes deckt den Schaden an der Einrichtung des Mieters ab.
3. Die Glasversicherung, die Sie zusätzlich zur Gebäudeversicherung abgeschlossen haben, deckt den Schaden an der Einrichtung des Mieters infolge des Glasbruchs ab.
4. Aufgrund des baulichen Mangels und des Sanierungsrückstands sind Sie als Verwalter in der Pflicht, den Schaden zu ersetzen.
5. Der Mieter muss den Schaden bei seiner Hausratversicherung melden.
6. Da der Schaden durch eine Überschwemmung entstanden ist, erhält der Mieter nur Geld von der Versicherung, wenn er selbst eine Elementarversicherung abgeschlossen hat.

Erwerb, Veräußerung und Vermittlung von Immobilien

08.01

Ein privater Vermieter hat einen Makler schriftlich mit der Vermittlung einer Wohnung an einen Mietinteressenten beauftragt. Die Miete soll 985,00 € zuzüglich Nebenkosten betragen. Der Makler entwirft fünf unterschiedliche Anzeigen.

Welche der Anzeigen ist nach den gesetzlichen Bestimmungen zulässig?

1. Berlin-Pankow, 3 Zi., 85 m², Balk., ruhig gelegen, ab 01.07., 985,00 € KM, 2,38 MM Maklercourtage inkl. MwSt., Wohnungsvermittlung Jonas, info@jonas-immobilien.de, Tel. (0234) 10000.

2. Berlin-Pankow, 3 Zi., 85 m², Balk., ruhig gelegen, ab 01.07., 985,00 € KM + NK, provisionsfrei, Wohnungsvermittlung Jonas, info@jonas-immobilien.de, Tel. (0234) 10000.

3. Berlin-Pankow, 3 Zi., 85 m², Balk., ruhige Lage, ab 01.07., Verbrauchsausweis Kl. D, 121,1 kWh (m²*a), Gas-Zentralhzg., Bj. 2003, Wohnungsvermittlung Jonas, info@jonas-immobilien.de, Tel. (0234) 10000.

4. Berlin-Pankow, 3 Zi., Balk., ruhige Lage, ab 01.07., 985,00 € KM + BeKo, Energieverbrauchsausw. D, 121,1 kWh (m²*a), Gas-Zentralhzg., Bj. 2003, Wohnungsvermittlung Jonas, info@jonas-immobilien.de, Tel. (0234) 10000.

5. Berlin-Pankow, 3 Zi., 85 m², Balk., ruhige Lage, ab 01.07., 985,00 € KM + BeKo, Energieverbrauchsausw. D, 121,1 kWh (m²*a), Gas-Zentralhzg., Bj. 2003, Jonas, Tel. (0234) 10000.

Lernen, wo und wann du willst!

U-FORM LERNKARTEN

Kennst du schon die u-form Lernkarten? Damit ist mobiles Lernen ganz unkompliziert! **Einfach mitnehmen und lernen, wo du willst.**

Die Lernkarten sind für viele verschiedene Ausbildungsberufe und kaufmännische Themen erhältlich – **in Papierform oder als App!**

Hier unsere persönliche Auswahl speziell für deinen Ausbildungsberuf: **Lernkarten Immobilienkaufmann/Immobilienkauffrau** (Auszug aus Lernkarten Best.-Nr. 2556)

Schritt für Schritt zum Erfolg mit der wissenschaftlich erprobten Lernform

Überall und jederzeit lernen mit allen gängigen Endgeräten

Motivation mit dabei durch Levelsystem, Lernfortschritt und Erfolge

LF 2 Das Immobilienunternehmen repräsentieren 7

Stab-Linien-System als Form der Aufbauorganisation

Immobilienkaufmann/Immobilienkauffrau · P. Becker © 2024 u-form Verlag

---

LF 3 Werteströme und Werte erfassen und dokumentieren 6

Prinzipien, Grundsätze ordnungsgemäßer Buchführung

Immobilienkaufmann/Immobilienkauffrau · P. Becker © 2024 u-form Verlag

---

LF 4 Wohnräume vermieten 3

Fälligkeit und Bestandteile der Miete (= Mietzins)

Immobilienkaufmann/Immobilienkauffrau · P. Becker © 2024 u-form Verlag

---

LF 4 Wohnräume vermieten 14

(Makler-)Exposé für Mietwohnungen

Inhalte

Immobilienkaufmann/Immobilienkauffrau · P. Becker © 2024 u-form Verlag

---

LF 5 Wohnräume verwalten und Bestände pflegen 4

Anforderungen an eine Betriebskosten-Abrechnung

Immobilienkaufmann/Immobilienkauffrau · P. Becker © 2024 u-form Verlag

---

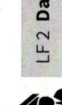
LF 5 Wohnräume verwalten und Bestände pflegen 10

„Kleine Instandhaltungen"
= Bagatellreparaturen
= Kleinreparaturen

Immobilienkaufmann/Immobilienkauffrau · P. Becker © 2024 u-form Verlag

UNSER KOMPLETTES ANGEBOT FÜR DEINE PRÜFUNG FINDEST DU IM ONLINE-SHOP: WWW.U-FORM.DE

Mietzahlung (Überweisung des Mieters, s. BGH, Urteil v. 05.10.2016) spätestens am 3. Werktag eines Monats. Dabei gilt auch der Samstag lt. BGH *nicht* als Werktag, weil kein Bankarbeitstag.
(BGH, Urteil v. 13.07.2010, VIII ZR 129/09; BGH, Urteil v. 13.07.2010, VIII ZR 291/09) Sonn- und Feiertage sind keine Werktage.

Bestandteile der Miete:
- Einzelmiete (Grundmiete) = Nettokaltmiete
- plus in der Regel BeKo-Vorauszahlung oder – pauschale
- plus ggf. Zuschläge für berufl./gewerbl. Nutzung, Untervermietung, Freistellung von Bindungen
- plus ggf. Vergütungen für Garage, Stellplatz, Garten u. ä.

(Teil)Inklusivmiete oder Brutto(kalt)miete möglich = Miete beinhaltet auch alle kalten BeKo; Heizkosten müssen aber immer nach §§ 2, 6 HeizKV erfasst und abgerechnet werden

§ 28 (3) II.BV: „…. das Beheben kleiner Schäden an den Installationsgegenständen für Elektrizität, Wasser und Gas, den Heiz- und Kocheinrichtungen, den Fenster- und Türverschlüssen …"

Kosten hierfür können mietvertraglich auf den Mieter abgewälzt werden. Es muss dafür aber ein Maximalbetrag pro Einzelfall und ein Maximalbetrag pro Jahr im Mietvertrag vereinbart sein.

Unterschiedliche Wertansätze lt. Rechtsprechung, z. B.:
75,- € (neuere Ansichten bis 150,- €) pro Einzelfall,
bei mehreren Kleinreparaturen insgesamt jährlich 8 % der JNKM, aber nicht mehr als 300,- €

- Systematik (richtig, übersichtlich, zeitgerecht, geordnet)
- Vollständigkeit (lückenlos, keine Verrechnung von Vermögen mit Schulden oder Aufwand mit Ertrag)
- Ordnungsmäßigkeit des Belegwesens (Keine Buchung ohne Beleg, keine nachträgl. Korrekturen, 10 J. Aufbewahrung)
- Klarheit (Gliederung, Bezeichnungen, Form für Bilanz und GuV)
- Wahrheit (tatsächliche Verhältnisse der Vermögenslage)
- Kontinuität (formal und materiell jährlich gleichbleibend)
- Vorsicht (Vermögen = Niederstwert; Schulden = Höchstwert)
- Gewinne dürfen nur ausgewiesen werden, wenn tatsächlich realisiert (Realisationsprinzip), Verluste müssen ausgewiesen werden, wenn zu erwarten (Imparitätsprinzip)
- Periodenabgrenzung (Zuordnung der Buchungen zum wirtschaftlichen Abrechnungszeitraum)

- Innerhalb von 12 Mon. nach Ende des Nutzungszeitraums
- Rechtsverbindlich, klar, schlüssig, für einen juristisch und wirtschaftlich nicht geschulten Mieter nachvollziehbar
- Adressat(en), genaue Lage der Wohnung, Nutzungszeitraum
- Auflistung aller BeKo-Arten
- Gesamtkosten und Aufschlüsselung auf einzelne BeKo-Arten
- Umlageschlüssel
- Berechnung des Mieteranteils
- Verrechnung der geleisteten BeKo-VZ
- Als Ergebnis Höhe des Guthabens oder der Nachzahlung
- Termin zur Fälligkeit der Nachzahlung bzw. Verrechnung oder Auszahlung des Guthabens
- Ggf. Festsetzung neuer Vorauszahlungen
- Hinweis auf Einsichtsrecht des Mieters

Einer Leitungsinstanz kann eine Stabsstelle zugeordnet werden – hier Assistent, Controller, Berater. Inhaber tragen zur Entscheidungsfindung bei, haben aber keine direkte Weisungsbefugnis den Linienstellen gegenüber.

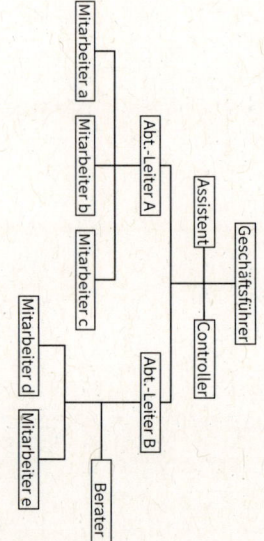

s. §§ 10, 11 MaBV (Informationspflicht)
- Bezeichnung/Beschreibung des Objekts: Wohnlage, Größe, Nutzungsmöglichkeit, öff. Verkehrsmittel, Einkaufsmöglichkeiten, Schulen, Besonderheiten (Stellplatz, Sackgasse usw.)
- Art, Alter, Zustand des Gebäudes, Bauweise, Zahl der Geschosse, Grundstück, ggf. mit Fotos o. Zeichnungen
- Aufteilung, Wohn- oder Nutzfläche, Zimmerzahl, Keller und Nebenfläche; Aufteilung der Wohnfläche, ggf. Grundriss
- Ausstattung: Fenster, Türen, Heizung, Böden, Sanitärausstattung, Fliesen, Besonderheiten, Zustand von Heizung, Böden, Fenstern, Einbauküche !Energieausweis!
- Mietpreis, Kaution, Vorauszahlungen: Lt. § 1 PangV als Endpreis; ca.- Preis ist unzulässig; Die Angabe „VB" ist zulässig, „zuzügl. BeKo-VZ" ist unzulässig
- Besichtigungsmöglichkeit: z. B. „nach Absprache mit dem Büro"
- Geschäftsbedingungen: Höhe, Fälligkeit der Provision, Hinweis auf USt.

Erwerb, Veräußerung und Vermittlung von Immobilien

08.02

Makler Jonas hat ein Exposé zu der in den Anzeigen beworbenen Wohnung (s. Aufgabe 08.01) erstellt. Neben den folgenden Angaben liegen ein Aufteilungsplan und ein Grundriss bei.

Lage:	Heinrichstr. 498 12345 Berlin 1. Obergeschoss rechts Stadtnah in einer ruhigen Seitenstraße
Wohnung:	85 m² Wohnzimmer, Schlafzimmer, Kinderzimmer, Küche, Diele, gefliestes Bad mit Dusche, Südbalkon, Teppichboden bzw. PVC-Belag, Isolierfenster, Gaszentralheizung Zur Wohnung gehört ein Kellerraum.
Gebäude:	Reines Wohngebäude auf 500 m² großem Grundstück. 8 Wohnungen, Baujahr 2003, großer Garten, Vorgarten, Gegensprechanlage, Aufzug, Fahrradkeller, Trockenboden Treppenhaus 2019 neu gestrichen. Im Hof befinden sich 8 Garagen. Das Gebäude befindet sich in gutem Zustand. Notwendige Instandhaltungsmaßnahmen wurden regelmäßig und umgehend durchgeführt.
Miete:	985,00 € Kaltmiete zuzüglich einer monatlichen Betriebskostenvorauszahlung von zurzeit 279,00 € inklusive Heiz- und Warmwasserkosten = Gesamtmiete 1.264,00 € Auf Wunsch kann zusätzlich eine Garage für 35,00 €/Monat angemietet werden.
Kaution:	2.528,00 € (entspr. 2 Monatsmieten)

Energieverbrauchsausweis vorhanden, Energieeffizienzklasse D, 121 kWh (m²*a), Gas-Zentralheizung, Bj. 2003.

Prüfen Sie, ob das Exposé den rechtlichen Anforderungen gemäß § 11 Makler- und Bauträgerverordnung (MaBV) genügt.

Welche Aussage ist in diesem Zusammenhang zutreffend?

1. Es fehlt der Hinweis darauf, ab wann die Wohnung beziehbar ist.
2. Wenn mit einem „großen Garten" geworben wird, muss auch die genaue Größe angegeben werden, da der Ausdruck „groß" relativ ist.
3. Angegeben ist die zu zahlende Miete. Es fehlt der Hinweis, dass diese Miete monatlich zu entrichten ist.
4. Eine Kaution von 2 Monatsmieten ist nicht zulässig, da diese Sicherheitsleistung, wenn sie verlangt wird, immer 3 Monatsmieten betragen muss.
5. Es fehlt die Angabe der jeweiligen Größe der Zimmer bzw. Räume der Wohnung.
6. Das Exposé verstößt nicht gegen die MaBV.

Erwerb, Veräußerung und Vermittlung von Immobilien

08.03

Unter welchen Umständen darf der Auftraggeber eines Maklers seine Provisionszahlung verweigern bzw. eine bereits geleistete Provision zurückfordern?

1. Der Verkäufer tritt vom Vertrag zurück, weil der Käufer nicht rechtzeitig die vereinbarte Anzahlung auf den Kaufpreis geleistet hat.
2. Das Vormundschaftsgericht verweigert bei einem 17-jährigen Eigentümer eines Grundstücks die nötige Genehmigung zu einem Grundstücksverkauf.
3. Der vom Makler vermittelte Grundstücks-Kaufvertrag wurde bereits notariell beurkundet, die Umschreibung im Grundbuch hat noch nicht stattgefunden, der Kaufpreis wurde noch nicht an den Verkäufer überwiesen. Durch einen Brand wird das Wohngebäude auf dem Grundstück vollständig zerstört, der Käufer will vom Kaufvertrag zurücktreten.
4. Ein Grundstücks-Kaufvertrag ist durch Vermittlung eines Maklers rechtsgültig zustande gekommen, allerdings wurde kein Maklervertrag unterzeichnet.
5. Der Verkäufer, der einen Makler beauftragt hatte, erfährt, dass der Makler bereits vom Käufer eine Provisionszahlung beansprucht.

08.04

Ihr Unternehmen beabsichtigt, als neues Geschäftsfeld die Maklertätigkeit als Dienstleistung anzubieten. Welche der folgenden Rechtsgrundlagen spielt dafür **keine** Rolle?

1. Erlaubnis nach § 34 c Gewerbeordnung (GewO)
2. Makler- und Bauträgerverordnung (MaBV)
3. Gesetz zur Regelung der Wohnungsvermittlung (WoVermRG)
4. Wohnraumförderungsgesetz (WoFG)
5. Bürgerliches Gesetzbuch (BGB)
6. Anzeigepflicht mit Aufnahme der Tätigkeit nach § 14 GewO

Erwerb, Veräußerung und Vermittlung von Immobilien

08.05

Ihr Unternehmen beauftragt einen Makler provisionspflichtig mit der Suche nach einem Grundstück.

Der Makler findet ein Ihren Vorstellungen entsprechendes Grundstück und übermittelt Ihnen umfangreiche Informationen dazu.

In welchen **beiden** Fällen kann der Makler eine Provision von Ihrem Unternehmen beanspruchen?

1. Die Grundstückseigentümerin Frau Schwarzer ist eine gute Bekannte des Maklers, deswegen gingen die Vertragsverhandlungen bis zur Beurkundung des Kaufvertrages besonders schnell.
2. Der Makler hat den Objektnachweis geliefert, Ihr Unternehmen will nach Verhandlungen mit der Eigentümerin das Grundstück aber lediglich pachten.
3. Aufgrund des Objektnachweises des Maklers verhandeln Sie ohne Hinzuziehung des Maklers mit der Eigentümerin Frau Schwarzer und schließen einen notariell beurkundeten Kaufvertrag ab.
4. Der Makler hat die Vertragsabschlussgelegenheit nachgewiesen und den notariell beurkundeten Kaufvertrag vermittelt. Allerdings verweigert die Gemeinde das nötige Negativzeugnis und macht stattdessen von ihrem Vorkaufsrecht Gebrauch.
5. Sie haben vom Makler ein Exposé mit dem Hinweis „Käuferprovision 7,14 % …" erhalten. Nach eigenen Recherchen finden Sie die im Exposé nicht genannte Eigentümerin und schließen mit ihr einen notariell beurkundeten Kaufvertrag.

08.06

Welcher Unterschied besteht zwischen einem (einfachen) Maklerauftrag und einem (einfachen) Makler-Alleinauftrag?

1. Es gibt keinen Unterschied.
2. Während der Laufzeit des Alleinauftrages darf der Makler nur für diesen Auftraggeber tätig sein.
3. Der Maklerauftrag wird befristet abgeschlossen, der Makler muss im Kundeninteresse tätig werden. Der Alleinauftrag wird unbefristet erteilt, der Makler muss nicht tätig werden.
4. Ein Alleinauftrag wird befristet (i. d. R. 6 Monate). Während dieser Zeit verpflichtet sich der Makler zum Tätigwerden im Kundeninteresse, der Auftraggeber darf während der Laufzeit keinen anderen Makler einschalten.
5. Während der Laufzeit eines Makler-Alleinauftrages darf der Auftraggeber nicht selbst tätig werden. Er muss jeden geeigneten Vertragspartner an den Makler verweisen.

08.07

Welche Pflicht (u. a.) hat ein Immobilienmakler nach der Makler- und Bauträgerverordnung?

1. Der Makler muss über die Verwendung eigener Vermögenswerte Rechnung legen.
2. Der Makler muss die Daten des Maklervertrages aufzeichnen.
3. Der Makler muss bei seiner Honorarabrechnung die Gebührensätze der MaBV beachten.
4. Er muss sich alle zwei Jahre nach der MaBV prüfen lassen.
5. Er muss sämtliche Geschäftsunterlagen zehn Jahre lang aufbewahren.

Erwerb, Veräußerung und Vermittlung von Immobilien

08.08

In welchem Fall steht dem Makler eine Provision zu?

1. Ein Maklervertrag mit Provisionsvereinbarung wurde abgeschlossen. Der Verkäufer und Käufer eines Grundstücks haben sich geeinigt und schließen mit Beteiligung des Maklers einen schriftlichen Vorvertrag.
2. Der Makler vermittelt aufgrund eines Suchauftrages des Wohnungssuchenden eine öffentlich geförderte Mietwohnung, der Mietvertrag wird geschlossen. Er verlangt vom Mieter eine Provision von zwei Nettokaltmieten zzgl. Umsatzsteuer.
3. Der Makler vermittelt die Verlängerung eines bestehenden Wohnungs-Mietvertrages. Der Vertrag über die Verlängerung wird geschlossen.
4. Die Immo-Verwaltungs GmbH vermittelt den Mietvertrag für eine freifinanzierte Wohnung, welche einem der Gesellschafter gehört.
5. Nach einem auftragsgemäßen Objektnachweis durch den Makler kommt es ohne eine weitere Vermittlung zu einem Kaufvertrag über diese Eigentumswohnung.

08.09

Welche Aussage über den einfachen Maklerauftrag trifft zu?

1. Ist der Vertrag auf den Nachweis einer Vertragsabschlussgelegenheit oder die Vermittlung eines Grundstückskaufvertrages gerichtet, so ist eine notarielle Beurkundung erforderlich.
2. Mit dem Abschluss des Maklerauftrages verpflichtet sich der Makler, alle zumutbaren Anstrengungen zu unternehmen, um seinem Auftraggeber den angestrebten Vertragsabschluss zu vermitteln.
3. Der Makler ist zu keiner Tätigkeit verpflichtet, der Auftraggeber schuldet die vereinbarte Vergütung erst, wenn aufgrund der Tätigkeit des Maklers der angestrebte Hauptvertrag rechtsgültig zustande gekommen ist.
4. Wenn der Maklerauftrag abgeschlossen ist, muss der Auftraggeber die Hälfte der vereinbarten Vergütung als Vorschuss entrichten.

08.10

Wer gewerbsmäßig Grundstücke vermittelt, bedarf einer behördlichen Erlaubnis.

Welche Aussage ist richtig?

1. Die Erlaubnis wird erteilt, wenn in der Gemeinde Bedarf an einem zusätzlichen Maklerbüro besteht.
2. Die Erteilung der Erlaubnis hängt u. a. davon ab, dass der Antragsteller das erforderliche Geschäftskapital von 25.000 € nachweist.
3. Die Erlaubnis wird erteilt, wenn der Antragsteller Sachkunde, Zuverlässigkeit und geordnete wirtschaftliche Verhältnisse nachweist.
4. Die Erlaubnis wird erteilt, wenn der Antragsteller Zuverlässigkeit und geordnete wirtschaftliche Verhältnisse nachweist.

Erwerb, Veräußerung und Vermittlung von Immobilien

08.11

Der Eigentümer einer Leerwohnung (freifinanzierter Wohnungsbau) wendet sich an einen Makler, um die Wohnung zu vermieten. Der Makler findet einen Interessenten, dieser bestätigt die geforderte Mieterprovision von 2,38 NKM, verweigert aber nach Abschluss des Mietvertrages die Provisions-Zahlung.

Wie ist die Rechtslage?

1. Da der Mieter nachweislich einer Mieterprovision zugestimmt hat, kann der Makler seine Forderung nötigenfalls gerichtlich durchsetzen.
2. Im freifinanzierten Wohnungsbau zahlt bei einer Mietvertragsvermittlung grundsätzlich immer der Vermieter die Provision.
3. Die maximal zulässige Vermittlungsprovision von 2,38 Monatsmieten muss zur Hälfte vom Mieter und vom Vermieter getragen werden.
4. Der Mieter ist im Recht. Der Vermieter hat den Makler beauftragt und ist damit auch allein provisionspflichtig (Bestellerprinzip, WoVermRG).
5. Der Mieter wäre nur dann provisionspflichtig, wenn die Provisionshöhe in Euro angegeben wäre.

08.12

Von einem Auftraggeber erhalten Sie als Makler den Auftrag, den Verkauf seiner Eigentumswohnung zu vermitteln. Es handelt sich um öffentlich geförderten Wohnraum. Als Verhandlungsbasis für den Kaufpreis gibt der Verkäufer 150.000 € an.

Was gilt hinsichtlich Ihrer Provisionsansprüche?

1. Ihre Provision richtet sich nach der Gebührenordnung der MaBV.
2. Wenn Ihnen der Verkäufer den Auftrag erteilt, wird er damit auch alleinig provisionspflichtig.
3. Für die Verteilung der Maklerprovision auf Verkäufer und Käufer gibt es mehrere Varianten. Ist der Käufer ein Verbraucher, dürfen max. 50 % der Maklerkosten auf ihn entfallen.
4. Ihre Provision darf 6 % vom endgültigen Verkaufspreis (zzgl. MwSt.) nicht übersteigen.
5. Da es sich um eine öffentlich geförderte Wohnung handelt, dürfen Sie keine Provision berechnen.

Erwerb, Veräußerung und Vermittlung von Immobilien

08.13

Welche der folgenden Aussagen ist **falsch**?

1. Ein Handelsmakler handelt mit bzw. vermittelt Waren und unterliegt den Bestimmungen des HGB.
2. Das Geschäftsfeld eines Zivilmaklers betrifft Sachverhalte, die keine Waren im Sinne des HGB sind.
3. Immobilienmakler sind Zivilmakler und unterliegen den Bestimmungen des BGB.
4. Ein Immobilienmakler kann als Vermittlungsmakler und/oder als Nachweismakler tätig sein.
5. Ein Nachweismakler muss gerichtsfest beweisen können (den Nachweis liefern), dass er über die nötige Gewerbeerlaubnis verfügt.
6. Ein Vermittlungsmakler greift aktiv in die Vertragsverhandlungen ein, vermittelt zwischen den potenziellen Vertragspartnern des Hauptvertrages.
7. Ein Makler kann sowohl für den Verkäufer als auch für den Käufer tätig werden, ist allerdings zur Neutralität verpflichtet. In diesem Fall hat er – sofern vereinbart – ggf. auch Anspruch auf Provisionszahlung von Verkäufer und Käufer.

08.14

Immobilienmakler sind verpflichtet, ihre Kunden (Verbraucher) über deren Widerrufsrecht zu informieren.

Welche der folgenden Aussage ist in diesem Zusammenhang **falsch**?

1. Wenn der Maklervertrag im Büro des Maklers geschlossen wurde, gibt es kein Widerrufsrecht, dementsprechend muss auch nicht belehrt werden.
2. Wenn der Maklervertrag außerhalb der Geschäftsräume des Maklers geschlossen wird, steht dem Kunden ein 14-tägiges Widerrufsrecht zu, nachdem der Makler ihn nachweislich über dieses Recht belehrt hat.
3. Wenn der Maklervertrag während einer Wohnungsbesichtigung abgeschlossen wird, hat der Kunde kein Widerrufsrecht.
4. Sollte der Makler seinen Kunden nicht über dessen Widerrufsrecht informieren, verlängert es sich um 1 Jahr auf 1 Jahr und 14 Tage.
5. Wenn ein Maklerkunde das ihm zustehende Widerrufsrecht fristgerecht ausübt, besteht damit auch kein Provisionsanspruch mehr. Ggf. hat der Makler allerdings einen Anspruch auf Wertersatz für bereits erbrachte Dienste.
6. Wenn ein Makler bereits innerhalb der 14-tägigen Widerrufsfrist tätig werden soll, kann dies der Kunde verlangen und verzichtet damit aber auch auf sein Widerrufsrecht.

Erwerb, Veräußerung und Vermittlung von Immobilien

08.15

Welche **vier** Funktionen hat ein Maklerexposé?

1. Sachinformation (Objektbeschreibung)
2. Marktinformation (Transparenz)
3. Objektwerbung
4. Werbung für das eigene Maklerunternehmen
5. Begründung des Maklervertrages

08.16

Welche **drei** Aussagen zur Maklerprovision entsprechen den gesetzlichen Bestimmungen?

1. Die in Rechnung gestellte Provision eines Immobilienmaklers ist grundsätzlich umsatzsteuerpflichtig.
2. Die Provision eines Immobilienmaklers darf 6 % zzgl. Umsatzsteuer nicht übersteigen.
3. Käufer und Verkäufer teilen sich immer zu gleichen Teilen die Maklerprovision.
4. Die Höhe der Maklerprovision kann frei ausgehandelt werden.
5. Ein Makler kann sowohl vom Verkäufer als auch vom Käufer eines Grundstücks Provision fordern, wenn dies mit beiden so vereinbart war.

08.17

Welche der Wohnung zugehörigen Orte dürfen in die Angabe der Gesamtwohnfläche nach Wohnflächenverordnung aufgenommen werden?

Wählen Sie die **zwei** zutreffenden Aussagen aus.

1. Zur Wohnfläche zählen stets alle einer Wohnung zugehörigen Räume außer Heizungsräume und Garagen.
2. Nach allen Seiten hin geschlossene Räume wie zum Beispiel Wintergärten und Schwimmbäder zählen grundsätzlich zur Wohnfläche dazu.
3. Zubehörräume gehören nicht zur Grundfläche einer Wohnung.
4. Sofern sie nur zu der einzelnen Wohnung gehören, können Balkone, Loggien, Dachgärten oder Terrassen der Grundfläche der Wohnfläche in der Regel zu einem Viertel, höchstens jedoch zur Hälfte angerechnet werden.
5. Von allen Seiten geschlossene Räume, die von mehreren Wohneinheiten genutzt werden, können anteilig nach Quadratmetern der Wohnfläche der Wohnung zugerechnet werden.

Betriebliches Rechnungswesen; Controlling

Information – Übersicht Buchungsregeln

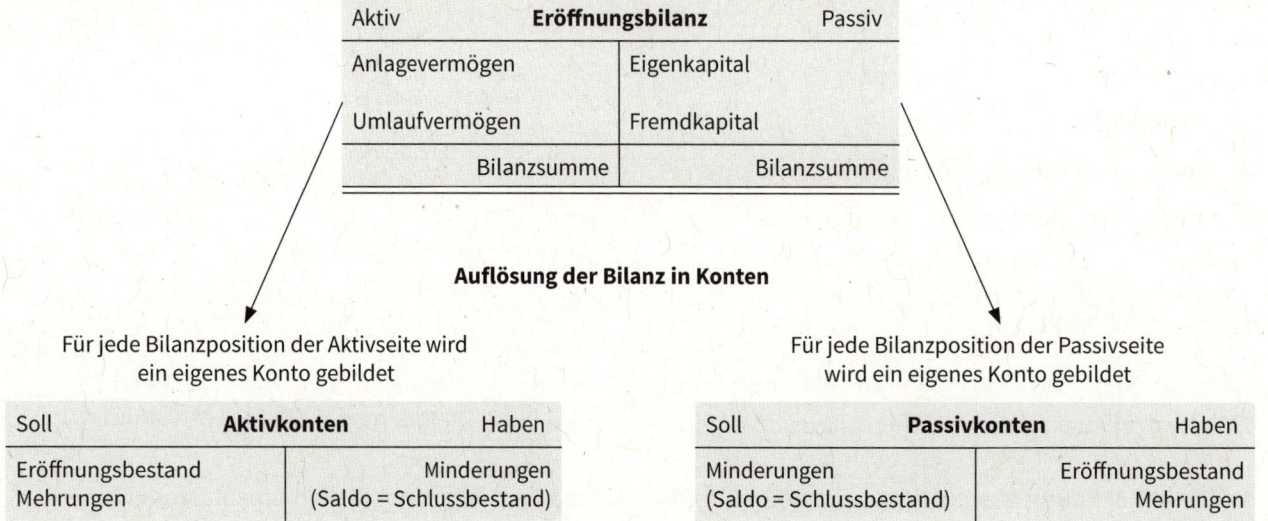

Besonderheit: Konto Eigenkapital
wird wie jedes Passivkonto mit dem Eröffnungsbestand im Haben eröffnet, durch laufende Geschäftsfälle während des Jahres aber nicht angesprochen.
Jede „Mehrung" wird als Ertrag auf einem Extra-Ertragskonto, jede „Minderung" als Aufwand auf einem Extra-Aufwandskonto geführt.

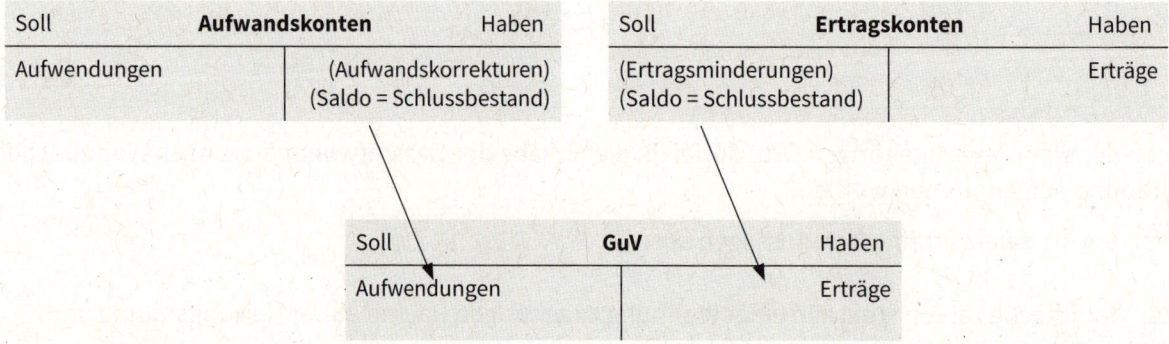

Kontenabschluss zum Bilanzstichtag

1. Alle Erfolgskonten, also alle Ertrags- und Aufwandskonten werden einzeln über das GuV abgeschlossen.

2. Der Saldo des GuV-Kontos wird über das Konto Eigenkapital abgeschlossen
   – kann sich im Soll ergeben (Erträge größer als Aufwendungen), dann also Gewinn (Mehrung des EK) oder
   – kann sich im Haben ergeben (Aufwendungen größer als Erträge), dann also Verlust (Minderung des EK)

3. Alle aktiven und passiven Bestandskonten (einschl. EK) werden über das Schlussbilanzkonto abgeschlossen.

Damit ergibt sich zum Bilanzstichtag mit dem Schlussbilanzkonto die Schlussbilanz mit dem gleichen Aufbau wie die Eröffnungsbilanz.

Betriebliches Rechnungswesen; Controlling

09.01

Am Geschäftsjahresende sollen die angefallenen Betriebskosten für die Mietwohnungen in der Bilanz aktiviert werden.

Welcher Buchungssatz ist richtig?

1. Mietforderungen (200) an Umlagen (601)
2. Bestandsverminderungen bei noch nicht abgerechneten Betriebskosten (648) an Noch nicht abgerechnete Betriebskosten (15)
3. Anzahlungen auf unfertige Leistungen (431) an Mietforderungen (200)
4. Noch nicht abgerechnete Betriebskosten (15) an Bestandserhöhungen bei noch nicht abgerechneten Betriebskosten (646)

09.02

Sofort nach dem Erhalt der Rechnung für Heizmaterial (bestimmt für Mietwohnungen), überweist das Wohnungsunternehmen den angeforderten Betrag per Bank.

Welcher Buchungssatz ist richtig (aufwandsnahe Verfahrensweise)?

1. Heizmaterial (170) an Guthaben bei Kreditinstituten (274)
2. Heizmaterial (170)
   Vorsteuer (253) an Guthaben bei Kreditinstituten (274)
3. Kosten der Beheizung (8002) an Guthaben bei Kreditinstituten (274)
4. Kosten der Beheizung (8002)
   Vorsteuer (253) an Guthaben bei Kreditinstituten (274)
5. Heizmaterial (170) an Kosten der Beheizung (8002)

09.03

Das Wohnungsunternehmen überweist fristgerecht die aus einem Sparkassen-Darlehensvertrag für die Modernisierung eines vermieteten MFH angefallenen Zinsen und Tilgungsraten.

Kontieren Sie den Fall, indem Sie die Kennziffern der richtigen Konten (nicht die Kontennummern!), getrennt nach Soll und Haben, zunächst in das T-Konto bei der Aufgabe eintragen und anschließend in den Lösungsbogen übertragen!

1. Guthaben bei Kreditinstituten (274)
2. Zinsen auf Verbindlichkeiten gegenüber anderen Kreditgebern (873)
3. Objektfinanzierungsmittel für das Anlagevermögen (410)
4. Objektfinanzierungsmittel für das Umlaufvermögen (411)
5. Unternehmensfinanzierungsmittel (412)
6. Zinsen auf Verbindlichkeiten gegenüber Kreditinstituten (872)

Betriebliches Rechnungswesen; Controlling

09.04

Am Jahresende ermittelt die Buchhaltung eines Wohnbau-Betreuers die angefallene Zahllast gegenüber dem Finanzamt und bucht die Banküberweisung.

Welche Buchungssätze sind richtig?

1. Vorsteuer (253) an Verbindlichkeiten aus der USt (4701)
   Verbindlichkeiten aus der USt (4701) an Guthaben bei Kreditinstituten (274)

2. Verbindlichkeiten aus der USt (4701) an Vorsteuer (253)
   Verbindlichkeiten aus der USt (4701) an Guthaben bei Kreditinstituten (274)

3. Verbindlichkeiten aus der USt (4701) an Vorsteuer (253)
   Guthaben bei Kreditinstituten (274) an Vorsteuer (253)

4. Vorsteuer (253) an Verbindlichkeiten aus der USt (4701)
   Guthaben bei Kreditinstituten (274) an Vorsteuer (253)

09.05

Ein reines Betreuungsunternehmen (USt-pflichtig) kauft im Geschäftsjahr für brutto 297.500,00 € Betriebs- und Geschäftsausstattung, Büromaterial etc. ein. Es rechnet in demselben Geschäftsjahr insgesamt Betreuungsgebühren von netto 520.000,00 € gegenüber den Kunden ab.

Ermitteln Sie die entsprechende Zahllast. Legen Sie einen allgemeinen Umsatzsteuersatz von 19 % zugrunde.

09.06

Das Wohnungsunternehmen erhält die Rechnung des betriebsfremden Landschaftsgärtners für die Erneuerung des Sandes im Sandkasten des Spielplatzes der Mietwohnungen.

Wie ist zu buchen?

1. Kosten der Gartenpflege (8009) an Guthaben bei Kreditinstituten (274)
2. Personalaufwand (83) an Verbindlichkeiten aus anderen Lieferungen und Leistungen (4421)
3. Kosten für Spielplätze (8010) an Guthaben bei Kreditinstituten (274)
4. Kosten der Gartenpflege (8009) an Verbindlichkeiten aus anderen Lieferungen und Leistungen (4421)
5. Kosten für Spielplätze (8010) an Verbindlichkeiten aus anderen Lieferungen und Leistungen (4421)

Betriebliches Rechnungswesen; Controlling

09.07

Ein Maklerunternehmen erhält eine Rechnung für den Kauf der üblichen Menge Kopierpapier.

Wie ist zu buchen?

1. Betriebs- und Geschäftsausstattung (05) an Guthaben bei Kreditinstituten (274)

2. Sächliche Verwaltungsaufwendungen (850) an Verbindlichkeiten aus anderen Lieferungen und Leistungen (4421)

3. Sächliche Verwaltungsaufwendungen (850) Vorsteuer (253) an Verbindlichkeiten aus anderen Lieferungen und Leistungen (4421)

4. Betriebs- und Geschäftsausstattung (05) Vorsteuer (253) an Verbindlichkeiten aus anderen Lieferungen und Leistungen (4421)

09.08

Das Wohnungsunternehmen erhält die Rechnung für die Reparatur der Haustür eines Mietwohnhauses.

Kontieren Sie den Rechnungseingang, indem Sie die Kennziffern der richtigen Konten (nicht die Kontennummern!), getrennt nach Soll und Haben, zunächst in das T-Konto bei der Aufgabe eintragen und anschließend in den Lösungsbogen übertragen!

1. Kosten für fremde Hauswartleistungen (8014)
2. Kosten der baulichen Instandhaltung (8050)
3. Andere Aufwendungen der Hausbewirtschaftung (809)
4. Verbindlichkeiten aus anderen Lieferungen und Leistungen (4421)
5. Verbindlichkeiten aus Bau- und Instandhaltungsleistungen (4420)

Soll	Haben

09.09

Ein Wohnungsunternehmen bucht im Jahr X2 die Betriebskosten-Abrechnung für das Jahr X1.

Welcher Buchungssatz ist im Zuge der Abrechnung **nicht** richtig?

1. Mietforderungen (200) an Umlagen (601)

2. Anzahlungen auf unfertige Leistungen (431) an Mietforderungen (200)

3. Bestandsverminderungen bei noch nicht abgerechneten Betriebskosten (648) an Noch nicht abgerechnete Betriebskosten (15)

4. Guthaben bei Kreditinstituten (274) an Anzahlungen auf unfertige Leistungen (431)

Betriebliches Rechnungswesen; Controlling

09.10

Welche Aussage ist **kein** Grundsatz der ordnungsgemäßen Buchführung?

1. Ein sachverständiger Dritter muss sich innerhalb angemessener Zeit einen Überblick verschaffen können.
2. Die Eintragungen müssen in einer lebenden Sprache geschrieben werden.
3. Fehlerhafte Eintragungen müssen gelöscht und neu vorgenommen werden.
4. Alle Geschäftsfälle sind vollständig, richtig, zeitgerecht (fortlaufend) und geordnet zu erfassen.
5. Daten auf Datenträgern müssen jederzeit lesbar gemacht werden können.

09.11

Bis wann muss die unten stehende Quittung laut HGB aufbewahrt werden?

Quittung	netto	EUR	239	Cent	50
Nr. 24681357	+ 19 % USt	EUR	45	Cent	50
	Gesamt	EUR	285	Cent	00

Gesamtbetrag in Worten
--------Zweihundertfünfundachtzig---------

von *Wohnbau Bochum-Weitmar*

für *Büromaterial*

dankend erhalten

Ort *Bochum*   Datum *08.11.2024*

Buchungsvermerke   Stempel/Unterschrift des Empfängers

Bürobedarf Schmitz
Hauptstr. 1
Bochum

M. Schmitz

Betriebliches Rechnungswesen; Controlling

09.12

Ordnen Sie den unten stehenden Aussagen folgende Inventurverfahren zu, indem Sie die richtige Kennziffer des jeweiligen Inventurverfahrens in die Kästchen neben den Aussagen eintragen. Übertragen Sie anschließend Ihre senkrecht angeordneten Lösungsziffern in dieser Reihenfolge von links nach rechts in den Lösungsbogen.

Inventurverfahren

1. Verlegte Inventur
2. Permanente Inventur
3. Stichprobeninventur
4. Zeitnahe Stichtagsinventur

Aussagen

a) Inventur durch Lagerkartei, auf der alle Mengenbewegungen erfasst sind. Es muss jedoch mindestens einmal im Jahr eine körperliche Bestandsaufnahme erfolgen.

b) Mengenmäßige Bestandsaufnahme innerhalb von 10 Tagen vor oder nach dem Abschlussstichtag.

c) Inventur mit Hilfe mathematisch-statistischer Methoden.

d) Körperliche Bestandsaufnahme innerhalb von 3 Monaten vor oder 2 Monaten nach dem Abschlussstichtag.

Betriebliches Rechnungswesen; Controlling

09.13

Eine Bilanz der Wohnbau Bochum-Weitmar GmbH weist folgende Positionen auf:

1. Verbindlichkeiten aus Vermietung 5.000 €
2. Grundstücke mit Wohnbauten 4.200.000 €
3. Verbindlichkeiten gegenüber Kreditinstituten 2.500.000 €
4. Noch nicht abgerechnete Betriebskosten 50.000 €
5. Eigenkapital 1.840.000 €
6. Betriebs- und Geschäftsausstattung 250.000 €
7. Verbindlichkeiten aus Lieferungen und Leistungen 150.000 €
8. Sonstige Verbindlichkeiten 55.000 €
9. Bank 40.000 €
10. Forderungen aus Vermietung 10.000 €

Ordnen Sie die Bilanzpositionen der Aktiv- oder Passivseite richtig zu und tragen Sie die Ziffern in der richtigen Reihenfolge dort ein.

Aktiva	Bilanz	Passiva
☐		☐
☐		☐
☐		☐
☐		☐
☐		☐

Betriebliches Rechnungswesen; Controlling

09.14

Der Kontenrahmen der Immobilienwirtschaft beinhaltet 10 Kontenklassen (0 bis 9):

0	1	2	3	4	5	6	7	8	9

Weisen Sie den folgenden Kontenklassenbezeichnungen die richtige Kontenklassennummer zu.

a) Eigenkapital / Rückstellungen

b) Aufwendungen

c) Zum Verkauf bestimmte Grundstücke und andere Vorräte

d) Bautätigkeit

e) Anlagevermögen

f) Forderungen und sonstige Vermögensgegenstände / Wertpapiere / Flüssige Mittel und Bausparguthaben / Aktive Rechnungsabgrenzungsposten

g) Abschlusskonten

h) Erträge

i) Verbindlichkeiten / Passive Rechnungsabgrenzungsposten

j) Leistungsverrechnung

Betriebliches Rechnungswesen; Controlling

09.15

Ordnen Sie den unten stehenden Geschäftsfällen **5** der folgenden 8 Buchungssätze zu.

Buchungssätze

1. Kassenbestand (271) an Guthaben bei Kreditinstituten (274)
2. Forderungen aus anderen Lieferungen und Leistungen (23) an Andere Anlagen, Betriebs- und Geschäftsausstattung (05)
3. Andere Anlagen, Betriebs- und Geschäftsausstattung (05) an Guthaben bei Kreditinstituten (274)
4. Guthaben bei Kreditinstituten (274) an Kassenbestand (271)
5. Verbindlichkeiten aus anderen Lieferungen und Leistungen (4421) an Guthaben bei Kreditinstituten (274)
6. Reparaturmaterial und sonstige Materialvorräte (171) an Verbindlichkeiten aus anderen Lieferungen und Leistungen (4421)
7. Andere Anlagen, Betriebs- und Geschäftsausstattung (05) an Forderungen aus anderen Lieferungen und Leistungen (23)
8. Verbindlichkeiten aus anderen Lieferungen und Leistungen (4421) an Kassenbestand (271)

Geschäftsfälle

a) Eingangsrechnung für Reparaturmaterial
b) Barabhebung vom Bankkonto
c) Kauf eines Bürostuhls im Webshop des Anbieters und Bezahlung per Sofortüberweisung.
d) Überweisung einer bereits gebuchten Eingangsrechnung für einen neuen Computer
e) Verkauf eines Firmenwagens zum Buchwert auf Ziel

Betriebliches Rechnungswesen; Controlling

09.16

Welche **drei** der folgenden Aussagen sind richtig?

1. Aufwendungen werden im Haben gebucht.
2. Erfolgskonten werden über das Gewinn- und Verlustkonto abgeschlossen.
3. Erträge werden im Haben gebucht.
4. Das Gewinn- und Verlustkonto wird über das Schlussbilanzkonto abgeschlossen.
5. Erfolgskonten sind Unterkonten des Kontos Eigenkapital.
6. Sind die Aufwendungen größer als die Erträge, so lautet der Abschlussbuchungssatz des Gewinn- und Verlustkontos:

    Gewinn- und Verlustkonto an Eigenkapital

09.17

Ordnen Sie den unten stehenden Fällen die folgenden Zahlungsarten zu. Übertragen Sie anschließend Ihre senkrecht angeordneten Lösungsziffern in dieser Reihenfolge von links nach rechts in den Lösungsbogen.

Zahlungsarten

1. Barzahlung
2. Halbbare Zahlung
3. Bargeldlose Zahlung

Fälle

a) Frau Müller bekommt von einem Versandhandel ein Kleid per Nachnahme geliefert. Sie bezahlt diese Nachnahme in bar.

b) Herr Meier geht zur Tankstelle und kauft einen Gutschein, den er sofort online einlöst.

c) Ein Wohnungsunternehmen bittet seine Mieter, vom Lastschriftverfahren Gebrauch zu machen.

d) In einer großen Imbisskette wird auch kontaktlose Bezahlung akzeptiert.

e) Das Wohnungsunternehmen überweist einen Rechnungsbetrag über 800 € an einen Handwerker.

f) Dem Wohnungsunternehmen geht von einem Mieter zur Begleichung seiner Schulden ein Verrechnungsscheck zu.

Betriebliches Rechnungswesen; Controlling

09.18

Wie ist die im Kontoauszug abgebildete Entrichtung der Kfz-Steuer durch die Wohnbau Bochum-Weitmar zu buchen?

Tragen Sie die Kennziffern der richtigen Konten, getrennt nach Soll und Haben, zunächst in das T-Konto bei der Aufgabe ein und übertragen Sie sie anschließend in den Lösungsbogen.

1. Guthaben bei Kreditinstituten (274)
2. Forderungen aus anderen Lieferungen und Leistungen (23)
3. Kassenbestand (271)
4. Sächliche Verwaltungsaufwendungen (850)
5. Kraftfahrzeugsteuer (8911)

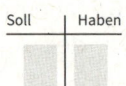

Wohnbau Bochum-Weitmar			
SEPA-Girokonto	IBAN: DE09 4308 0083 0012 3456 00	Kontoauszug Blatt	66
Commerzbank	BIC: COBADEFF430		
Datum	Erläuterungen		Betrag
Kontostand in EUR am 14.01.20.., Auszug Nr. 65			128.070,50 +
15.01.	FINANZAMT BOCHUM KFZ-STEUER BO-WW-20 519/22 JAN-JULI 20..		115,00 –
Kontostand in EUR am 16.01.20.., 10.30 Uhr			127.955,50 +
Ihr Dispositionskredit 30.000,00 EUR			

09.19

Bei welchen **drei** der folgenden Positionen handelt es sich um Primärkosten?

1. Personalkosten
2. Betriebskosten
3. Fremdkapitalzinsen
4. Grundsteuer
5. Grunderwerbsteuer
6. Abschreibungen
7. Eigenkapitalzinsen

Betriebliches Rechnungswesen; Controlling

09.20

Ausgangslage

Ein Mieter hat eine Miete in Höhe von 850,00 € (550,00 € NKM plus 300,00 € BK-VZ) monatlich zu entrichten.

Kontieren Sie die Aufgaben, indem Sie die Kennziffern der richtigen Konten (nicht die Kontennummern), getrennt nach Soll und Haben in die Kästchen eintragen. Übertragen Sie die Lösungsziffern anschließend in die T-Konten auf dem Lösungsbogen.

1. Guthaben bei Kreditinstituten (274)
2. Verbindlichkeiten aus Vermietung (440)
3. Sollmieten (600)
4. Abschreibungen auf Forderungen und sonstige Vermögensgegenstände (855)
5. Mietforderungen (200)
6. Erlösschmälerungen (609)
7. Anzahlungen auf unfertige Leistungen (431)

	Soll	Haben
a) Buchung der monatlichen Mietsollstellung		
b) Bankeingang der Mietzahlung		
c) Buchung einer berechtigten Mietminderung		
d) Der Mieter hat zum Ende des Jahres ein Guthaben von 500 € aus der BK-Abrechnung, welches mit Einverständnis des Mieters noch nicht ausgezahlt oder verrechnet wurde.		
e) Abschluss des Kontos Erlösschmälerungen (609)		
f) Im neuen Jahr hat der Mieter einen Mietrückstand in Höhe von 400 €. Er verstirbt und hinterlässt keine Erben.		

Betriebliches Rechnungswesen; Controlling

09.21

Kennzeichnen Sie unten stehende Aussagen mit einer

1, wenn eine Erlösschmälerung vorzunehmen ist,

2, wenn eine Abschreibung auf uneinbringliche Mietforderung vorzunehmen ist.

a) Eine Wohnung steht wegen Modernisierungsarbeiten vorübergehend leer. — **1**

b) Ein Mieter ist ohne Vorankündigung ins Ausland verzogen. Sein neuer Aufenthaltsort ist nicht ausfindig zu machen. — **2**

c) Ein Mieter ist zahlungsunfähig geworden. — **2**

d) Aufgrund eines Heizungsausfalls in einer Wohnung wird eine geltend gemachte Mietminderung akzeptiert. — **1**

e) Eine Wohnung wird aufgrund eines Brandes vorübergehend unbewohnbar. — **1**

f) Ein Mieter verstirbt und hinterlässt keine Erben. — **2**

09.22

Die folgende Mietsollliste zeigt bei gleich bleibendem Mietsoll für die Monate September bis Dezember die Zahlungseingänge.

Mieter	Mietsoll €	Zahlungen €			
		September	Oktober	November	Dezember
Anton	630,00	630,00	630,00	600,00	670,00
Berta	720,00	730,00	750,00	720,00	680,00
Cäsar	660,00	670,00	640,00	690,00	730,00
Dora	580,00	600,00	620,00	480,00	570,00

a) Wie viel Euro sind zum Bilanzstichtag des Jahres als Mietvorauszahlung zu buchen? Wie lautet der entsprechende Buchungssatz im Rahmen der vorbereitenden Abschlussbuchungen?

1. Forderungen aus Vermietung (20) an Verbindlichkeiten aus Vermietung (440)
2. Verbindlichkeiten aus Vermietung (440) an Forderungen aus Vermietung (20)
3. keine Buchung
4. Sollmieten (600) an Forderungen aus Vermietung (20)
5. Verbindlichkeiten aus Vermietung (440) an Guthaben bei Kreditinstituten (274)

b) Wie viel Euro an Mietrückständen sind zum Ende des Jahres noch offen? Wie lautet der entsprechende Buchungssatz im Rahmen der vorbereitenden Abschlussbuchungen? (s. Auswahlantworten zu a))

Betriebliches Rechnungswesen; Controlling

09.23

Welche der folgenden Erklärungen gibt den Begriff „Controlling" am genauesten wieder?

Controlling …

1. … bedeutet Kontrolle, ist als englischer Begriff aber moderner.
2. … ist eine Form der Qualitätssicherung.
3. … ist eine sicherheitstechnische Prüf-, Kontroll- und Wartungsaufgabe, die alle zwei Jahre durch zertifizierte Sachverständige an allen Geräten mit stromführenden Teilen durchgeführt und dokumentiert werden muss.
4. … umfasst die Planung, Steuerung, Koordination, Begleitung, Kontrolle und Auswertung betrieblicher Leistungsprozesse.
5. … ist nach dem Publizitätsgesetz eine gesetzlich vorgeschriebene Form der Buchprüfung von Kapitalgesellschaften.

09.24

Dem Controller eines Immobilienunternehmens liegen folgende Zahlen vor:

Anzahl der verwalteten Mietwohnungen:	1.235
davon vermietet:	1.189
Gesamtwohnfläche aller verwalteten Mietwohnungen:	86.450 m²
gesamte Sollmiete:	389.025,00 € / Monat
zulässige Mietminderungen:	10.307,00 € / Monat
Mietausfall durch vorübergehenden Leerstand:	16.560,00 € / Monat
Bewirtschaftungskosten für die verwalteten Mietwohnungen:	234.650,00 € / Monat

Ermitteln Sie aus den vorliegenden Angaben:

a) die Leerstandsquote der Wohnungen

b) die Quote der Erlösschmälerungen

c) den durchschnittlichen Mietpreis (NKM) pro m² Wohnfläche und Monat

d) den Gewinn des Immobilienunternehmens

Betriebliches Rechnungswesen; Controlling

09.25

Die Leerstandsquote soll verringert werden. Welche der folgenden Maßnahmen ist dafür langfristig am **wenigsten** geeignet?

1. Die leerstehenden Wohnungen werden mit modernen Heizungen und wassersparenden Bädern/Duschen ausgestattet und bei Bedarf renoviert.
2. Den Bestandsmietern wird eine Prämie für die Vermittlung neuer Mieter in Aussicht gestellt.
3. Im Mietpreis aller neu zu vermietenden Wohnungen ist eine Internet-Flatrate enthalten.
4. Der Mietpreis bei Neuvermietung wird gesenkt, indem eine geringere Betriebskosten-Vorauszahlung vereinbart wird.
5. Beim Einzug wird den neuen Mietern kostenlos der firmeneigene Transporter zur Verfügung gestellt.

09.26

Sie haben den abgebildeten Kontoauszug von Mitte Dezember vorliegen. Ihre neue Auszubildende hat dazu einige Fragen.

Wählen Sie die **zwei** zutreffenden Aussagen aus.

SparHier-Bank

IBAN: DE20 2425 2627 0001 2345 67
BIC: GENUGEUR123

Buch.-Tag	Buch.-Nr.	Verwendungszweck	Umsatz Euro	S = Soll / H = Haben
16.12.	0212	Hermann Ursula Linkgasse 12 Miete November	286,34	S
16.12.	0247	Rossi Leonardo Gartenstraße 3b Miete November	886,17	H
16.12.	0286	Techniker Tatjana Schieferweg 46 Miete November	131,42	S
16.12.	0288	Demir Ayla Hauptstraße 168c Miete Dezember	1.236,94	H

Alter Saldo	Euro	2.348,75	Haben
Neuer Saldo	Euro	4.054,10	Haben

Auszug vom 17.12.	Auszug Nr.	Blatt- Nr.

Aussagen:

1. Frau Techniker erhält die zu viel überwiesene Miete zurück.
2. Frau Hermann hat die Miete für November am 16.12. überwiesen.
3. Frau Demir hat die Miete für Dezember viel zu früh überwiesen und erhält sie daher zurück.
4. Herr Rossi hat die Miete für November noch nicht überwiesen, daher ist der Posten noch offen.
5. Frau Demir hat die Miete für Dezember am 16.12. überwiesen.

Wirtschafts- und Sozialkunde

10 Berufsbildung, arbeits-, sozial- und tarifrechtliche Vorschriften

11 Personalwirtschaft

Notizen

Berufsbildung, arbeits-, sozial- und tarifrechtliche Vorschriften

10.01

Welcher der aufgeführten Sozialversicherungszweige kommt in den unten stehenden Fällen zum Tragen?

Ordnen Sie zu, indem Sie die Kennziffern der zutreffenden Versicherungszweige in die Kästchen neben den Fällen eintragen. Übertragen Sie anschließend Ihre senkrecht angeordneten Lösungsziffern in dieser Reihenfolge von links nach rechts in den Lösungsbogen.

Sozialversicherungszweige

1. Krankenversicherung
2. Arbeitslosenversicherung
3. Rentenversicherung
4. Gesetzliche Unfallversicherung
5. Pflegeversicherung

Fälle

a) Herr Garcia, der seit Jahren als kaufmännischer Angestellter bei einem Wohnungsunternehmen arbeitet, bekommt aufgrund eines Rückenleidens eine Kur verschrieben.

b) Frau Frey findet in ihrem erlernten Ausbildungsberuf keinen Arbeitsplatz. Sie nimmt an einer Umschulungsmaßnahme zur Immobilienkauffrau teil.

c) Stella, die eine Ausbildung zur Immobilienkauffrau absolviert, erleidet auf dem Weg zur Arbeit einen Unfall und begibt sich in ärztliche Behandlung.

d) Stellas Großmutter benötigt wegen einer körperlichen Krankheit für die Verrichtungen des täglichen Lebens auf längere Zeit in erheblichem Maße Hilfe durch Dritte.

e) David begibt sich wegen starker Zahnschmerzen in zahnärztliche Behandlung.

Berufsbildung, arbeits-, sozial- und tarifrechtliche Vorschriften

10.02

Sebastian Kappen wurde nach Abschluss seiner Ausbildung als Sachbearbeiter eingestellt. Er wohnt in Nordrhein-Westfalen, ist 24 Jahre alt, unverheiratet, kein Kirchenmitglied und kinderlos. Sein monatliches Bruttogehalt beträgt 2.800,00 €.

Welche der folgenden Aussagen ist richtig?

1. Herr Kappen kann aufgrund der Höhe seines Bruttogehaltes aus der gesetzlichen Kranken- und Rentenversicherung austreten.
2. Herr Kappen kann in eine private Krankenversicherung wechseln, muss aber Mitglied der gesetzlichen Rentenversicherung bleiben.
3. Wegen der grundsätzlich geltenden Vertragsfreiheit kann Herr Kappen – wie jeder andere Bürger auch – seine Mitgliedschaft in der Sozialversicherung zum Ende eines jeden Versicherungsjahres kündigen.
4. Bei einem Arbeits- oder Wegeunfall werden die Behandlungs- und Rehabilitationskosten durch die gesetzliche Krankenkasse übernommen.
5. Bei einem Arbeits- oder Wegeunfall werden die Behandlungs- und Rehabilitationskosten durch die gesetzliche Unfallversicherung übernommen.

Zusatzübung

Berechnen Sie den Auszahlungsbetrag (Nettogehalt) an Herrn Kappen und den SV-Anteil des Arbeitgebers, wenn Sie von einer Lohnsteuer in Höhe von 238,33 € ausgehen. Seine Krankenversicherung erhebt einen Zusatzbeitrag von 1,8 %.

Runden Sie Zwischenergebnisse auf 2 Nachkommastellen.

Angaben zur Sozialversicherung

Gesetzliche Rentenversicherung	West	Ost
Beitragssatz wird von AG und AN je zur Hälfte getragen.	18,6 %	
Gesetzliche Krankenversicherung	West	Ost
Beitragssatz und Zusatzbeitrag werden von AG und AN je zur Hälfte getragen.	14,6 % + ggf. Zusatzbeitrag	
Gesetzliche Pflegeversicherung	West	Ost
Beitragssatz wird von AG und AN je zur Hälfte getragen – Ausnahme Sachsen.*	3,6 %	in Sachsen: AN 2,3 % | AG 1,3 %
Gesetzliche Arbeitslosenversicherung	West	Ost
Beitragssatz wird von AG und AN je zur Hälfte getragen.	2,6 %	

* Kinderlose Versicherte ab dem 23. Lebensjahr zahlen zudem einen Zuschlag von 0,6 %.

> **Hinweis**
>
> In Ihrer Zwischenprüfung müssen Sie keine komplette Gehaltsabrechnung durchführen. Berechnungen einzelner Größen, wie etwa SV-Beiträge, sind jedoch möglich.
>
> Die Sozialversicherungsgrößen ändern sich in der Regel jährlich. Aktuelle Informationen und Beispielrechnungen zu den Sozialversicherungswerten finden Sie unter folgendem Link:
>
> www.u-form.de/addons/SV-2025.pdf

Berufsbildung, arbeits-, sozial- und tarifrechtliche Vorschriften

10.03

Merle Fritsch (17 Jahre) absolviert eine Ausbildung zur Immobilienkauffrau. Sie besucht neben der betrieblichen Ausbildung zweimal in der Woche jeweils 6 Unterrichtsstunden die Berufsschule. An wie viel Tagen kann der Ausbildungsbetrieb von Merle verlangen, dass sie noch nach der Berufsschule in den Betrieb zum Arbeiten kommt?

1. An gar keinem Tag
2. An beiden Tagen
3. An einem Tag

10.04

Felix Müller ist 36 Jahre alt und arbeitet seit seiner dreijährigen Ausbildung, die er mit 19 Jahren abgeschlossen hat, als Angestellter bei einer Wohnungsbaugesellschaft. Die Auftragslage seines Arbeitgebers hat sich in letzter Zeit stark verschlechtert, sodass das Unternehmen betriebsbedingte Kündigungen vornehmen muss.

a) Wie lang ist die gesetzliche Kündigungsfrist, welche die Wohnungsbaugesellschaft gegenüber Herrn Müller einhalten muss? (s. dazu § 622 BGB)

1. Vier Wochen zum 15. eines Kalendermonats.
2. Vier Wochen zum Ende eines Kalendermonats.
3. Einen Monat zum Ende eines Kalendermonats.
4. Drei Monate zum Ende eines Kalendermonats.
5. Sieben Monate zum Ende eines Kalendermonats.

---

§ 622 BGB

Kündigungsfristen bei Arbeitsverhältnissen

(1) Das Arbeitsverhältnis eines Arbeiters oder eines Angestellten (Arbeitnehmers) kann mit einer Frist von vier Wochen zum Fünfzehnten oder zum Ende eines Kalendermonats gekündigt werden.

(2) Für eine Kündigung durch den Arbeitgeber beträgt die Kündigungsfrist, wenn das Arbeitsverhältnis in dem Betrieb oder Unternehmen

1. zwei Jahre bestanden hat, einen Monat zum Ende eines Kalendermonats,
2. fünf Jahre bestanden hat, zwei Monate zum Ende eines Kalendermonats,
3. acht Jahre bestanden hat, drei Monate zum Ende eines Kalendermonats,
4. zehn Jahre bestanden hat, vier Monate zum Ende eines Kalendermonats,
5. zwölf Jahre bestanden hat, fünf Monate zum Ende eines Kalendermonats,
6. fünfzehn Jahre bestanden hat, sechs Monate zum Ende eines Kalendermonats,
7. zwanzig Jahre bestanden hat, sieben Monate zum Ende eines Kalendermonats.

[...]

Fortsetzung nächste Seite

Berufsbildung, arbeits-, sozial- und tarifrechtliche Vorschriften

10.04 Fortsetzung

b) Herr Müller erhält seine betriebsbedingte Kündigung am 24.03. des Jahres. Zu welchem Termin endet sein Arbeitsverhältnis entsprechend der gesetzlichen Kündigungsfrist? (s. dazu § 622 BGB)

c) Herr Müller bewirbt sich bei anderen Unternehmen und erhält am 09.04. des Jahres die Zusage für eine Stelle, die er so schnell wie möglich antreten möchte. Zu welchem Termin endet sein bisheriges Arbeitsverhältnis, wenn er nun sofort selbst mit der gesetzlichen Kündigungsfrist kündigt? (s. dazu § 622 BGB)

10.05

Arbeitnehmer werden durch den allgemeinen Kündigungsschutz laut Kündigungsschutzgesetz geschützt. Einige Personengruppen unter ihnen genießen jedoch nach der Probezeit einen besonderen Kündigungsschutz.

Welche **sieben** der folgenden Personengruppen genießen diesen besonderen Kündigungsschutz?

1. Betriebsratsmitglieder
2. Schwerbehinderte Mitarbeiter/-innen
3. Jugend- und Auszubildendenvertreter
4. Mitarbeiter in Elternzeit
5. Frauen während der Schwangerschaft und nach der Entbindung
6. Gewerkschaftsmitglieder
7. Freiwillig Wehrdienstleistende
8. Arbeitnehmer über 65 Jahre
9. Auszubildende

10.06

Für welchen der aufgeführten Sozialversicherungszweige werden die Beiträge in voller Höhe durch den Arbeitgeber entrichtet?

1. Krankenversicherung
2. Arbeitslosenversicherung
3. Rentenversicherung
4. Gesetzliche Unfallversicherung
5. Pflegeversicherung

Berufsbildung, arbeits-, sozial- und tarifrechtliche Vorschriften

10.07

Welche Aussage zur Beitragsbemessungsgrenze im Rahmen der Sozialversicherung ist richtig?

1. Die Beitragsbemessungsgrenze hat bei allen Sozialversicherungszweigen dieselbe Höhe.
2. Übersteigt das Einkommen eines Arbeitnehmers die Beitragsbemessungsgrenze, so muss er sich in jedem Fall privat versichern.
3. Übersteigt das Einkommen eines Arbeitnehmers die Beitragsbemessungsgrenze, wird der Krankenversicherungsbeitrag dennoch nur so berechnet, als läge das Einkommen in Höhe der Beitragsbemessungsgrenze.
4. Die Beitragsbemessungsgrenze in der Renten- und Arbeitslosenversicherung entspricht 75 % der Bemessungsgrenze in der Kranken- und Pflegeversicherung.

10.08

Alina Seifert hat am 1. August ihre Ausbildung zur Immobilienkauffrau bei einem Unternehmen in Essen begonnen.

Welche **zwei** der nachfolgend genannten Inhalte sind **kein** wesentlicher schriftlicher Bestandteil ihres Ausbildungsvertrages?

1. Ausbildungsvergütung in Höhe von 940 € im 1. Ausbildungsjahr
2. Probezeit von 3 Monaten
3. Urlaubsanspruch von 26 Tagen
4. Ausbildungsdauer von 3 Jahren
5. Dauer des Berufsschulunterrichts
6. Zahlungstermin der Ausbildungsvergütung am ersten Tag des neuen Monats
7. Regelmäßige Seminare „Mietrecht" bei einem Berliner Institut

10.09

Im dualen Ausbildungssystem werden die Lernorte „Berufsschule" und „Betrieb" unterschieden.

Welche der folgenden Rechtsgrundlagen gilt nur für die Berufsschule?

1. Ausbildungsrahmenplan
2. Berufsbildungsgesetz
3. Rahmenlehrplan
4. Jugendarbeitsschutzgesetz
5. Ausbildungsordnung
6. Berufsausbildungsvertrag

Berufsbildung, arbeits-, sozial- und tarifrechtliche Vorschriften

10.10

Die Wohnbau Bochum-Weitmar GmbH will Finn Hansen zum Immobilienkaufmann ausbilden.
Am 1. April wird ein Vertrag geschlossen, in dem der Ausbildungsbeginn zum 1. August desselben Jahres vereinbart wird.

Wann müssen die Inhalte des Ausbildungsvertrages spätestens schriftlich niedergelegt werden?

1. Am 1. April
2. Bis zum 30. April
3. Bis zum 31. Juli
4. Am 1. August
5. Bis zum 31. August
6. Gar nicht, auch ein mündlicher Ausbildungsvertrag ist zulässig und rechtsgültig.

10.11

Merlin Kruse, 17 Jahre, bewirbt sich während seiner Schulzeit als Auszubildender bei einem Immobilienunternehmen. In diesem Zusammenhang wird von ihm eine ärztliche Untersuchung verlangt.

In welchem Gesetz ist diese Bestimmung verankert?

1. Jugendschutzgesetz
2. Jugendarbeitsschutzgesetz
3. Arbeitsschutzgesetz
4. Berufsbildungsgesetz
5. Ausbildungsverordnung

10.12

Aygül Can, Auszubildende im dritten Lehrjahr, möchte wissen, ob und welche gesetzlichen Regelungen für die Beendigung ihrer Ausbildung und die Weiterbeschäftigung gelten.

Welche Auskunft ist **falsch?**

1. Das Ausbildungsverhältnis endet mit dem Bestehen der Abschlussprüfung, auch wenn im Ausbildungsvertrag ein späterer Termin vorgesehen ist.
2. Nach der Beendigung der Ausbildung besteht ein Recht auf Weiterbeschäftigung für max. sechs Monate.
3. Nach Ablauf der Probezeit ist die Kündigung von Auszubildenden durch den Ausbildungsbetrieb nur noch bei Vorliegen eines wichtigen Grundes zulässig.
4. Sollte sie die Abschlussprüfung nicht bestehen, hat sie ein Anrecht, die Ausbildung bis zum nächsten (Wiederholungs-)Prüfungstermin fortzusetzen – max. ein Jahr.
5. Wenn sie nach der Abschlussprüfung ihrem Ausbilder mitteilt, dass sie die Prüfung bestanden hat und anschließend an ihrem bisherigen Arbeitsplatz mit Wissen des Ausbilders weiterarbeitet, ist automatisch ein unbefristeter Arbeitsvertrag zustande gekommen.

Berufsbildung, arbeits-, sozial- und tarifrechtliche Vorschriften

10.13

Eine Kollegin Anna hat gehört, dass seit 1. Januar 2025 ein neuer Manteltarifvertrag für die Immobilienwirtschaft gilt.

Welche **zwei** Aussagen sind in diesem Zusammenhang richtig?

1. Bei Tarifverhandlungen kommt es immer zu Streiks.
2. Manteltarifverträge enthalten Regelungen zu Urlaubsanspruch, Arbeitszeit und zum Gehalt.
3. Die Vertragspartner bei Tarifverträgen sind Arbeitgeber oder Arbeitgeberverbände auf der einen und Gewerkschaften auf der anderen Seite.
4. Wenn Anna bisher in ihrem Arbeitsvertrag ein höheres Urlaubsgeld vereinbart hatte, erhält sie jetzt nur noch das Urlaubsgeld nach Tarifvertrag.
5. Hatte Anna bislang 30 Wochenstunden mit dem Arbeitgeber vereinbart, muss sie jetzt 37 Wochenstunden leisten.
6. Ein Manteltarifvertrag gilt in der Regel nur für eine bestimmte Branche.

Personalwirtschaft

11.01

Frau Kowalski lebt in Bochum und ist Sachbearbeiterin bei der Wohnbau Bochum-Weitmar GmbH. Sie ist 26 Jahre alt und hat keine Kinder.

Konfession: römisch-katholisch
Bruttogehalt lt. Arbeitsvertrag: 2.950,00 €

Frau Kowalski hat einen VL-Vertrag (vermögenswirksame Leistungen) in Höhe von 40,00 € abgeschlossen, bei einem Arbeitgeberanteil von 15,00 €. Im Vormonat hat sie einen Gehaltsvorschuss von 400 € erhalten.

Welche der folgenden Aussagen zu ihrer Gehaltsabrechnung im laufenden Monat trifft **nicht** zu?

1. Frau Kowalskis Anteil zur Sozialversicherung vermindert den Auszahlungsbetrag.
2. Frau Kowalskis Kirchensteuer ist abhängig von der zu zahlenden Lohnsteuer.
3. Der Arbeitgeberanteil zu den vermögenswirksamen Leistungen hat Einfluss auf die Höhe des Auszahlungsbetrages.
4. Die zu zahlende Unfallversicherung mindert den Auszahlungsbetrag.
5. Der Solidaritätszuschlag ist abhängig von der Lohnsteuer.
6. Die Verrechnung des Gehaltsvorschusses vermindert den Auszahlungsbetrag.

Zusatzübung

Berechnen Sie das auszuzahlende Gehalt:

- Lohnsteuer = 269,83 €
- Kirchensteuer = 24,28 €

Frau Kowalskis Krankenversicherung erhebt einen individuellen Zusatzbeitrag von 2,2 %.
(s. auch Angaben zu Aufgabe 10.02)

Runden Sie Zwischenergebnisse auf 2 Nachkommastellen.

11.02

Herr Dehmke hat eine Stelle als Sachbearbeiter in der Abteilung Vermietung in Köln angetreten. Über die Stellenbeschreibung möchte er sich ausführlich über sein neues Aufgabengebiet informieren.

Welche Informationen wird Herr Dehmke in der Stellenbeschreibung **nicht** finden?

1. Der Stelleninhaber wird von der Stelle „Gruppenleiter Vermietung" vertreten.
2. Der Stelleninhaber erhält fachliche Weisungen vom Abteilungs- und vom Gruppenleiter.
3. Die tägliche Arbeitszeit beginnt um 8:00 Uhr und endet um 16:00 Uhr.
4. Für die Stelle ist eine Ausbildung zum Kaufmann/zur Kauffrau in der Grundstücks- und Wohnungswirtschaft oder zum/zur Immobilienkaufmann/-frau erforderlich.
5. Der Stelleninhaber betreut die Objekte im Stadtteil Köln-Kalk.
6. Der Stelleninhaber führt mit Interessenten Objektbesichtigungen durch.

Personalwirtschaft

11.03

Die Personalabteilung einer Immobilienunternehmung führt für alle Mitarbeiter Personalakten. Die Mitarbeiterin Pia Schumacher möchte ihre Personalakte einsehen.

Welche Aussage über die Personalakte von Frau Schumacher ist zutreffend?

1. Frau Schumacher kann jederzeit Einsicht in ihre Personalakte nehmen.
2. Frau Schumacher kann nur in Begleitung eines Betriebsratsmitglieds die Personalakte einsehen.
3. Frau Schumacher muss über Erfassung und Speicherung von Daten in der Personalakte nicht informiert werden.
4. In der Personalakte werden u. a. auch Krankentage von Frau Schumacher erfasst.
5. Der Betriebsrat kann jederzeit Einsicht in die Personalakte nehmen.

11.04

Der hohe Wohnungsleerstand ist seit längerem ein Problem der bundesweit tätigen Wobega AG. Unter Einbeziehung der Mitarbeiter vor Ort soll ein umfassendes Konzept erarbeitet werden, um dieses Problem zu lösen.

Welche Art der Personalführung bietet sich für diese Aufgabe an?

1. Autoritärer Führungsstil
2. Management by exception
3. Kooperativer Führungsstil
4. Patriarchalischer Führungsstil
5. Bürokratischer Führungsstil
6. Direktorialsystem
7. Situativer Führungsstil

Personalwirtschaft

11.05

Ordnen Sie den unten stehenden Erläuterungen den entsprechenden Führungsstil bzw. das richtige Management-System zu. Übertragen Sie anschließend Ihre senkrecht angeordneten Lösungsziffern in dieser Reihenfolge von links nach rechts in den Lösungsbogen.

1. Autoritärer Führungsstil
2. Situativer Führungsstil
3. Bürokratischer Führungsstil
4. Kooperativer Führungsstil
5. Management by Delegation
6. Management by Exception
7. Management by Objectives

Erläuterungen

a) Mitarbeiter werden durch das Kollegialsystem an den Entscheidungen beteiligt.

b) Die Führung findet nach dem Direktorialsystem statt.

c) Den Mitarbeitern wird ein Umsatz von 100.000 € als Sollgröße vorgegeben.

d) Instandhaltungsarbeiten bis 1.000 € können vom entsprechenden Mitarbeiter selbstständig in Auftrag gegeben werden. Darüber hinaus entscheidet der Vorgesetzte.

e) Der Vorgesetzte rechtfertigt seine Anweisungen mit Verordnung Nr. 3/2020.

f) Die Filiale wird vom Filialleiter selbstständig geführt. Quartalsweise muss jedoch ein Bericht an den Vorstand übersendet werden.

g) Je nach Situation entscheidet der Vorgesetzte allein, bezieht Teammitglieder ein oder verlässt sich auf die selbstständige Projektbearbeitung und Entscheidungsfähigkeit der Mitarbeiter

11.06

Sie sind als Sachbearbeiter in der Personalabteilung eines Immobilienunternehmens tätig. Dort sind Sie u. a. mit der Personalplanung beauftragt.

Welcher Sachverhalt ist für die Planung **nicht** relevant?

1. Betriebliche Altersstruktur
2. Branchenentwicklung
3. betriebliche Personalfluktuation
4. konstante Inflationsrate von 2 %
5. Arbeitszeitverkürzung lt. Tarifvertrag
6. durchschnittliche betriebliche Krankenquote

Personalwirtschaft

11.07

Bei der GKK Immobiliengesellschaft AG (1000 Mitarbeiter) soll ein neuer Mitarbeiter/eine neue Mitarbeiterin eingestellt werden. Bringen Sie den idealtypischen Ablauf des Bewerbungs- und Einstellungsverfahrens in die richtige Reihenfolge, indem Sie die entsprechenden Ziffern **1** bis **7** zuordnen.

a) Anbieten eines Arbeitsvertrages

b) Anforderung eines neuen Mitarbeiters/einer neuen Mitarbeiterin durch den Abteilungsleiter

c) Bewerbervorauswahl anhand der Bewerbungsunterlagen

d) Interne und externe Stellenausschreibung

e) Feststellen des Personalbedarfs in der Abteilung „Gewerbeimmobilien"

f) Durchführung eines Gruppen-Auswahlverfahrens (z. B. Assessment-Center)

g) Führen eines persönlichen Gesprächs mit zwei geeigneten Bewerbern

11.08

Bei der Personalauswahl gelten bestimmte gesetzliche Regelungen.

Welche **zwei** der folgenden Aussagen sind in diesem Zusammenhang zutreffend?

1. Die Arbeitgeber sind nach Sozialgesetzbuch IX verpflichtet zu prüfen, ob freie Arbeitsplätze mit schwerbehinderten Menschen besetzt werden können.

2. Das Allgemeine Gleichbehandlungsgesetz schreibt unter anderem vor, dass niemand wegen der ethnischen Herkunft, des Geschlechts, einer Behinderung, des Alters oder der sexuellen Identität benachteiligt werden darf.

3. Der Auswahlprozess ist genau festzulegen und der Bundesagentur für Arbeit zu melden, um Gleichbehandlung zu gewährleisten.

4. Bei Vorstellungsgesprächen müssen Bewerber alle Fragen des Arbeitgebers ehrlich beantworten, insbesondere zum Thema Familienplanung.

5. Offene Stellen dürfen erst in Stellenportalen ausgeschrieben werden, wenn die Bundesagentur für Arbeit keine Bewerber gefunden hat.

6. Wurde die Stelle besetzt, so müssen die übrigen Bewerber innerhalb von 3 Tagen benachrichtigt werden und eine Absage erhalten.

Personalwirtschaft

11.09

Welche der folgenden Formulierungen in einem neu abgeschlossenen Arbeitsvertrag verstößt gegen gesetzliche Bestimmungen?

1. Die Frist der ordentlichen Kündigung für Arbeitgeber und Arbeitnehmer beträgt drei Monate zum Monatsende.
2. Die wöchentliche Arbeitszeit beträgt 35 Stunden.
3. Im Krankheitsfall wird das vereinbarte Gehalt ohne Überstundenzuschläge für die Dauer von sechs Wochen ununterbrochener Krankheit durch den Arbeitgeber fortgezahlt.
4. Der Jahresurlaub beträgt 24 Werktage, also vier Kalenderwochen.
5. Ist der Jahresurlaub bis Ende des Kalenderjahres nicht genommen, wird er mit der folgenden Gehaltsabrechnung in Geld abgegolten.

Bereichsübergreifend

12 Berufsbezogenes Rechnen

13 Rechtliche Grundlagen des Wirtschaftens

Notizen

Berufsbezogenes Rechnen

12.01

Ein deutscher Großhändler in Koblenz will einen amerikanischen Flüssig-Reiniger in sein Sortiment aufnehmen. Er entscheidet sich für ein Angebot, bei dem die Gallone zu 8,50 US-$ angeboten wird. Welchen Preis in Euro müsste der Großhändler für einen Liter des Flüssig-Reinigers bezahlen, wenn 1 Gallone = 3,785 Liter und 1 US-$ = 0,94 € entsprechen?

12.02

Ein deutscher Bauunternehmer kehrt von einer Geschäftsreise aus Norwegen zurück und verfügt noch über Bargeld von 2.100,00 NOK (Norwegische Kronen). Für eine unmittelbar bevorstehende Geschäftsreise nach London will er dieses Geld sofort in GBP (Britische Pfund) umtauschen. Wieviel britische Pfund erhält er, wenn folgende Wechselkurse gelten:

1,00 EUR = 10,9670 NOK

1,00 EUR = 0,8784 GBP

12.03

Ein deutscher Gaststudent sucht in Amerika eine Wohnung in der Nähe seiner Universität. Er möchte in einem Umkreis von 10 km wohnen, damit er bequem mit dem Fahrrad fahren kann. Wie viel Meilen hat ein Umkreis von 10 km, wenn 1 yard = 91,44 cm und 1 Meile = 1760 yards entsprechen?

12.04

Ein Bankdarlehen von 25.000 € mit einer Laufzeit vom 16.02. eines Jahres bis zum 28.06. des darauf folgenden Jahres wurde mit 6,7 % p.a. verzinst und am Ende der Laufzeit mit den Zinsen in einer Summe zurückgezahlt.

Welchen Betrag musste der Schuldner der Bank überweisen?

12.05

a) Ihr Vermieter legt Ihre Mietkaution in Höhe von 1.200,00 € auf einem Kautionskonto an, welches unverändert mit 2,5 % p. a. verzinst wird. Wie hoch ist der Ihnen zustehende Betrag, wenn Sie nach 10 Jahren ausziehen und der Vermieter keine Forderung geltend macht?

b) In einem Wohnraum-Mietvertrag mit einem neuen Mieter heißt es:

„Die Miete beträgt monatlich 6,50 €/m² und steigert sich jährlich um 5,5 %"

Wie hoch ist die Miete in €/m² im 6. Jahr bei einer solchen Staffelmietvereinbarung?

Berufsbezogenes Rechnen

12.06

5 Angestellte brauchen für die Betriebskostenabrechnung von 800 Mietern 175 Stunden.

Wie lange brauchen 7 Angestellte für 600 Betriebskostenabrechnungen? Bitte geben Sie das Ergebnis in Stunden und Minuten an!

12.07

Die Betriebskosten zur Miete betragen 1,70 €/m²/Monat.

Wie viel € betragen die Betriebskosten je m² monatlich nach vier Jahren, wenn sie jährlich um 5 % steigen?

12.08

Beim Kauf eines neuen Computers zahlt ein Betreuungsunternehmen 1.904,00 €. Um den Betrag buchen zu können, ist der getrennte Ausweis der Vorsteuer (19 %) notwendig.

Wie viel Euro beträgt die ansetzbare Vorsteuer?

12.09

Für ein 6-Familienhaus wird die Heizkostenabrechnung erstellt. Die Gesamtkosten in Höhe von 6.824 € sind zu 40 % nach der Wohnfläche und zu 60 % nach der Wärmeverbrauchsmessung zu verteilen.

Wohnung	Größe in m²	Verbrauch in Einheiten
1	83	86
2	66	70
3	93	92
4	88	85
5	64	75
6	96	112

Wie viel Euro betragen die durchschnittlichen Heizkosten pro Monat für die Wohnung 4?

Berufsbezogenes Rechnen

12.10

Eine OHG hat vier Gesellschafter, die mit folgenden Beträgen an dem Unternehmen beteiligt sind:

Max: 80.000,00 €

Moritz: 50.000,00 €

Chiara: 130.000,00 €

Clara: 90.000,00 €

Der Jahresgewinn in Höhe von 22.800 € ist entsprechend der Vereinbarung im Gesellschaftervertrag zu verteilen.

Wie viel Euro Gewinn erhält Gesellschafterin Chiara?

(Zur Bearbeitung der Aufgabe verwenden Sie bitte den abgebildeten Auszug aus dem Gesellschaftervertrag)

OHG-Gesellschaftervertrag

§ 3 Gesellschafter, Haftung, Vermögensbeteiligung

(1) Gesellschafter sind [...]

(2) Sie haften für die Verbindlichkeiten der Gesellschaft unbeschränkt und persönlich.

(3) Vom Jahresgewinn erhält jeder Gesellschafter zunächst einen Anteil in Höhe von vier im Hundert seines Kapitalanteils. Reicht der Jahresgewinn hierzu nicht aus, so bestimmen die Kapitalanteile die Verteilung des Gewinns.

(4) Der Anteil des Jahresgewinns, welcher nach der Verteilung gemäß Absatz 1 verbleibt, sowie der Verlust des Geschäftsjahres wird unter den Gesellschaftern nach Köpfen verteilt.

Rechtliche Grundlagen des Wirtschaftens

13.01

Ein Wohnungsbau-Unternehmen bekommt von einem Büroausstatter 10 neue Bürostühle geliefert. Die beiliegende Rechnung weist einen Betrag von 2.500,00 € aus. Ein Fälligkeitsdatum ist nicht angegeben.

Wann gerät das Wohnungsbau-Unternehmen in Zahlungsverzug?

1. Das Wohnungsbauunternehmen gerät 14 Tage nach Erhalt der Rechnung in Verzug.
2. Das Wohnungsbauunternehmen kann nur durch eine nachfolgende Mahnung des Büroausstatters in Verzug gesetzt werden.
3. Das Unternehmen gerät 30 Kalendertage nach Erhalt der Rechnung in Verzug.
4. Bei fehlenden Angaben ist die Zahlung sofort fällig und das Wohnungsbauunternehmen befindet sich sofort in Verzug.

13.02

Ordnen Sie zu, ob in den folgenden Fällen

1. ein Neubeginn oder
2. eine Hemmung

der Verjährung eintritt.

Übertragen Sie anschließend Ihre senkrecht angeordneten Lösungsziffern in dieser Reihenfolge von links nach rechts in den Lösungsbogen.

a) Der Schuldner zahlt einen Teil der Schuld.

b) Der Schuldner verweigert berechtigt die Leistung.

c) Die Parteien stehen in Verhandlung über den Sachverhalt.

d) Es wird eine Zwangsvollstreckung vorgenommen.

e) Der Schuldner bekommt einen gerichtlichen Mahnbescheid zugestellt.

Rechtliche Grundlagen des Wirtschaftens

13.03

Ordnen Sie zu, indem Sie die Kennziffern der Verjährungsfristen in die Kästchen neben den Tatbeständen eintragen. Übertragen Sie anschließend Ihre senkrecht angeordneten Lösungsziffern in dieser Reihenfolge von links nach rechts in den Lösungsbogen.

Verjährungsfristen

1. 6 Monate
2. 2 Jahre
3. 3 Jahre
4. 5 Jahre
5. 10 Jahre
6. 30 Jahre

Tatbestände

a) Beim Gebrauchtwagenverkauf wurde ein Unfall arglistig verschwiegen.

b) Mangel an der Kaufsache (Neuware)

c) Feuchtigkeit im Bauwerk aufgrund von Baumängeln

d) Ansprüche aus einer Erbschaft

e) Ansprüche von Mieter oder Vermieter nach Ende des Wohnraum-Mietvertrages

13.04

Eine Immobilienmaklerin erwirbt bei einem Gebrauchtwagenhändler einen 3 Jahre alten Pkw. Im Kaufvertrag wurde der Wagen als unfallfrei ausgewiesen. Nach 2 Monaten stellt sich bei einer Nachkontrolle des Fahrzeuges heraus, dass es sich um ein Unfallfahrzeug handelt.

Welches Recht kann die Maklerin in Anspruch nehmen?

1. Der Kaufvertrag ist nichtig und die Maklerin kann den Wagen zurückgeben und sich den Kaufpreis erstatten lassen.
2. Die Maklerin kann den Kaufvertrag anfechten und nach erfolgreicher Anfechtung lediglich den Kaufpreis mindern.
3. Die Maklerin kann den Kaufvertrag anfechten und nach erfolgreicher Anfechtung ist der Vertrag ungültig.
4. Die Maklerin kann keine Rechte geltend machen, da es sich um ein gebrauchtes Fahrzeug handelt.

Rechtliche Grundlagen des Wirtschaftens

13.05

Herr Kall (Angestellter) erwirbt bei einem Gebrauchtwagenhändler ein 2 Jahre altes Fahrzeug.

Welche der folgenden Aussagen zur Gewährleistungspflicht trifft zu?

1. Es gilt die regelmäßige Verjährungsfrist von drei Jahren ab Jahresende.
2. Es handelt sich um einen Verbrauchsgüterkauf und daher beträgt die Laufzeit der gesetzlichen Gewährleistungspflicht 2 Jahre (beginnend mit Ablieferung).
3. Es handelt sich um einen Gebrauchtkauf im Rahmen eines Verbrauchsgüterkaufs und daher beträgt die gesetzliche Gewährleistungspflicht 1 Jahr (beginnend mit Ablieferung).
4. Für gebrauchte Waren gilt keine gesetzliche Gewährleistungspflicht.
5. Es gilt die gesetzliche Gewährleistungspflicht von 6 Monaten.

13.06

Ordnen Sie zu, ob in den folgenden Fällen nach dem BGB die Bestimmungen des

1. Verbrauchsgüterkaufes
2. Allgemeinen/ Sonstigen Kaufvertragsrechtes

gelten.

Übertragen Sie anschließend Ihre senkrecht angeordneten Lösungsziffern in dieser Reihenfolge von links nach rechts in den Lösungsbogen.

a) Ingo Meier verkauft seinem Klassenkameraden ein Buch.

b) Die Wohnbau AG bestellt bei der Industrie GmbH Instandhaltungsmaterial.

c) Inge Schmidt erwirbt einen Ring in der Schmuckabteilung einer großen Warenhausfiliale.

d) Ein Unternehmer erwirbt von einem Hauseigentümer (Privatmann) einen Sitzrasenmäher zur Pflege der Grünanlagen des Unternehmens.

e) Ein Ehepaar kauft ein Einfamilienhaus von der Bauträger GmbH.

Rechtliche Grundlagen des Wirtschaftens

13.07

Welche der folgenden Aussagen trifft auf den Begriff der „Nacherfüllung" beim Mangel an der Kaufsache zu?

1. Der Käufer kann lediglich Nachbesserung (Reparatur) verlangen.
2. Der Verkäufer muss in jedem Fall die Ware neu liefern.
3. Der Käufer hat das Recht auf Kaufpreisminderung.
4. Der Käufer hat das Recht zur Wahl zwischen Nachbesserung und Neulieferung.
5. Der Verkäufer hat in jedem Fall die vom Käufer gewählte Art der Nacherfüllung zu leisten.

13.08

In welchem der folgenden Fälle handelt es sich um eine juristische Person des privaten Rechts?

1. Stadt Bochum
2. Erbengemeinschaft Müller
3. Wohnbau e.G.
4. Anwaltskanzlei Braun und Schwarz GbR
5. Immobilien Engel OHG
6. Haus & Bau KG

13.09

Die 17-jährige Luana arbeitet als Hilfskraft in der Poststelle der Immo AG. Der Arbeitsvertrag ist mit Zustimmung ihrer Eltern (gesetzliche Vertreter) zustande gekommen.

Welche der folgenden Aussagen ist richtig?

1. Luana kann den Arbeitsvertrag ohne Zustimmung ihrer Eltern nicht kündigen.
2. Luana kann ohne Einwilligung der Eltern keine Gehaltsverhandlungen führen.
3. Luana kann ohne Zustimmung der Eltern ihre tägliche Arbeitszeit von 7 auf 6 Stunden verkürzen.
4. Eine Kündigung des Arbeitsvertrages bedarf der Zustimmung der Eltern.
5. Luana kann den Arbeitsvertrag erst selbstständig kündigen, wenn sie das achtzehnte Lebensjahr vollendet hat.
6. Luana kann ihren Arbeitsvertrag ohne Zustimmung der Eltern mündlich kündigen.

Rechtliche Grundlagen des Wirtschaftens

13.10

Der 18-jährige Tom (Auszubildender) verkauft in der Berufsschule seine Uhr an den 19-jährigen Viggo. Die Uhr befindet sich zum Zeitpunkt des Verkaufs in Besitz von Anna, der Freundin von Tom. Beurteilen Sie die Rechtslage.

1. Die Uhr kann nicht rechtmäßig veräußert werden, weil Tom zum Zeitpunkt des Verkaufs die Uhr nicht in Besitz hatte.
2. Tom hat nach Abschluss des Kaufvertrages einen Herausgabeanspruch gegen Anna, um Viggo die Uhr übergeben zu können.
3. Viggo kann nach Abschluss des Kaufvertrages die Herausgabe der Uhr von Anna verlangen.
4. Anna kann die Herausgabe der Uhr in jedem Fall verweigern, da sie als Besitzerin der Uhr nicht über den Verkauf informiert wurde.
5. Bis zur endgültigen Übergabe an Viggo bleibt Tom Eigentümer der Uhr.

13.11

Welche **vier** der folgenden Aussagen sind richtig?

1. Einzelunternehmen und Personengesellschaften werden in Abt. A und Kapitalgesellschaften in Abt. B des Handelsregisters eingetragen.
2. Solange eine (in Gründung befindliche) Kommanditgesellschaft nicht ins Handelsregister eingetragen ist, haften die Kommanditisten wie die Komplementäre Dritten gegenüber gesamtschuldnerisch, unbeschränkt, unmittelbar.
3. Jeder einzelne Gesellschafter einer GbR darf die Gesellschaft gegenüber Dritten vertreten.
4. Jeder einzelne Gesellschafter einer OHG darf die Gesellschaft gegenüber Dritten vertreten.
5. Eine GmbH ist eine Kapitalgesellschaft. Sie kann als juristische Person mit eigener Rechtspersönlichkeit erst nach Eintrag im Handelsregister Geschäfte tätigen. (Vorstufen: Vorgründungsgesellschaft = GbR; Vor-GmbH)
6. Eine GmbH & Co. KG ist eine Kapitalgesellschaft, als Formkaufmann erfolgt der Eintrag im Handelsregister konstitutiv.

Notizen

Notizen